生命的覺醒

〈知性的引導〉 下集 　釋心道 總監修

寫在前面

佛教是佛陀所創造，佛陀涅槃後由其四眾弟子廣為弘揚，開枝散葉以後，佛教因四眾弟子不同的根機，在融入不同的國家、地域與族群之後而有了宗派的分枝。時序推演至今，各宗各派皆有其獨到、精闢的見解與修行法門，各宗門蓬勃的發展，呈現佛教民主、多樣的面貌。

《知性的引導》編撰是為了發揚佛教入世精神、接引初機學佛者，雖然坊間流佈許多佛教團體精心製作之相類書籍，但因時代演化、文字解讀與現實環境的各不相同，一本通俗的、順應新世代閱讀習慣之初機學佛讀本應運而生。

本系列全書圖文並茂，前兩集所說佛本生故事與佛法磐石——四聖諦與八正道、佛教徒的道德規範——五戒與發菩提心，並為閱眾介紹佛陀的十大弟子與佛陀因緣極深的七大菩薩。希望透過這些典範，增加有因緣學佛者的信心、已接觸佛法的朋友更加堅固道心，勇猛、精進。

佛教是一個傳承二千五百年的宗教，現今佛教徒更是分佈全球，事實證明佛教是一個正知、正見的宗教。忝為本書文字編輯，才學疏漏、文字淺薄、思慮不周，對佛陀覺悟的一生、佛所說八萬四千法門，實是以蠡測海、坐井觀天，本書未臻完善之處望各界不吝指正，以弘揚佛陀法教之初發心、菩薩行願共同戮力，使雨露均霑普利有情。

總序

等待繼承的家業

釋迦佛的一生，在今日二十一世紀乃至未來，依然是每一個生命的啟蒙明鏡。

生命的明鏡

當喬達摩還是太子的時候，他很早婚，很愛他的妻子，很愛他的父母親，很愛他的鄉土國家；可是，他覺得這樣愛來愛去，終究會消失，怎麼辦？因為很不忍心看到親人都會消失，他要想辦法讓他們活長一點、不會死，所以他一直在想這個道理，但就是想不出來。

當他出四門，看到社會各種實況，發覺到每一個生命都沒法免除生、老、病、死；似乎只有修行人得以解脫這困境。所以他就離開家庭，專心參究了脫生死、斷除煩惱的法門。他當時一共參訪九十六個老師，但學了這麼多，覺得還是沒法解決煩惱，就開始苦行，把這九十六個老師的修法徹底整合參究。

接著六年的苦行中，他就一天吃一點點，讓自己活得下去而已；他一直用心地想，想到有點開竅，但還是覺得沒法斷煩惱、了生死。

最後，他覺得還是要以比較平常、中道的方法來思惟；因此喝下牧羊女乳糜的供養，有了體力修行，他很清閒地在菩提樹下坐定，繼續思惟生死的問題。

坐在菩提樹下，他開始看看天想一想，看看大地想一想；看到什麼都想一想，看看這整個，到底是什麼道理！終於，福至心靈的時候！一看到那顆星星！見到這「心星」－見到每個人都有的「心星」，他覺悟了！所以他從此了脫生死，煩惱也斷了，沒有任何的負擔，才開始把有情眾生救出來，教導各種修行的法門，讓生命得到自由。

宇宙的真理

我很小的時候就失去父母，十五歲開始學佛。因為就是覺得自己有很多的問題，所以，必需要去解決！我的問題，可能就是很多人的問題，也可能影響到國家、社會，影響到全人類－當我們一個人想法不對的時候。所以，我開始尋求生命的真理。希望內心能得到和平的證明，也希望每個人可以享受到和平與真理的依靠！

這時，聖者先賢的傳記就是我學習的借鏡！從佛陀、大迦葉尊者、密勒日巴到許多禪宗祖師的傳記，對我影響很大！我看他們是如何面對生命、開發智慧的。

尤其看到他們為追求真理的最高原則所做的奉獻，我會一再地從這裡去反省改進：他們是如何面對生命？如何用心修行的？別人能悟，為什麼我不能悟？別人修得成佛，為什麼我修不成佛？祖師們都這樣做，我想，我也應該這樣去實踐！很早就覺醒要把佛法學好！我決心用生命證悟佛法！

如來的家業

《妙法蓮華經》裡有個幼年即離家出走的孩子，長久的流浪在外，年紀越長越窮困，為了餬口乞食四方。有一天，他來到父親居住的國家，他的父親一眼就認出這個分別五十餘年的孩子，但孩子早已不認識自己尊貴富足、更勝國王的的父親。但由於父親的長期引導教化，以及孩子漸漸地願意忠實承擔，終於繼承了這本然的家業。

您我時至今日－現身在科技化的物質環境、國際化的財團貿易、全球化的多元資訊中－如何握掌心的生存優勢，更是隨時變動、讓人無從信靠的；官能認知的被激化，生命存在感的加速落失，已是每一個生命的共同處境。

對於我們地球家的孩子－這無根的一代而言，生命的安樂究竟何在？儼然成形的宇宙生命共同體的方向、意義何在呢？您見到了嗎？

您見到了釋迦牟尼佛悟道時的那顆「心星」嗎？每一個生命都有「心

星」。對不對？當您瞪直眼睛看，傾心豎耳在聽，那就是了！這顆「心星」一直沒離開過。

佛陀與每位覺者賢聖的生命奮鬥，是時空洪流中不滅的日月明星；恆時啓迪我們：對生命真諦的這份堅持－必須用實踐來釐清資訊，用修行來貫徹意志，用利他來延展智慧，以明心了道，揭開宇宙的真理寶藏、啓動生命的能量源頭！

依循佛法知性的引導，今生此刻，讓我們把握當下的契機，好好理清楚：真正的自己是什麼？生命的安樂財富何在？如何認取與繼承佛陀的家業？畢竟我們是佛陀的子民，終究要繼承如來！這是每個生命必然要到達的彼岸！不管發生什麼事情，只有我們捨棄佛，沒有佛捨棄我們！只要用心學習、用心實踐，佛法就能帶來清淨、安樂與解脫。

祝福您！

佛陀妙法眾中尊　直至菩提永皈依
願我所做諸功德　利益眾生願成佛

種種顯現水月幻相故　轉回相續漂流眾有情
為在覺性光明界中息　依於四無量門而發心

眾生無邊誓願度　煩惱無盡誓願斷
法門無量誓願學　佛道無上誓願成

目　錄

第一篇

跨越時空 啓發靈性

佛陀教育我們——以科學的方法找出事物的真相
透過親身的體驗與觀察　領悟真理
不要落入知識與學問的框架
要在生活中徹底實踐

1 跨越時空 引導心靈

佛教是超越時空，適合現代人的信仰。佛教不是迷信，它強調自由探討的精神。佛教提倡慈悲，主張眾生平等，並強調自力。佛教的理論與現代科學不相衝突。

跨越時空的心靈引導

人們對於太熟悉的事物，往往沒有興趣作更深一層的瞭解。就像住在萬里長城或印度泰姬瑪哈陵附近的人們，都不急於對這些古蹟作深入的研究。在我國，雖然佛教寺院到處可見，但多數人對佛教仍然一知半解，看到佛教徒禮佛，在佛像前供奉鮮花、香燭，便說佛教是迷信的宗教，這種說法，畢竟不夠客觀。到底佛教是什麼呢？

佛教是一種超越時空的宗教，它不僅適合兩千五百多年前佛陀的時代，即使在今日，佛法仍是實用的，尤其對現代人荒蕪、茫然、躁鬱的心有著很大的幫助。

佛陀在世的時候，有一個遊方行者婆蹉，曾向佛陀提出十四個哲學問題，要求佛陀解答。佛陀告訴他：「人類的生命實在太短暫，智慧太有限，所以在未能找到這些問題的答案以前，可能人早已經死去。」

佛陀所關心的是如何消除煩惱，得到解脫，而不是知識上的思辯。因此佛陀提出四聖諦與八正道，為人們直指解脫痛苦的方法。

佛陀告訴我們：「宇宙和人生是變幻無常的，但是人們卻因為不能適應客觀環境的變化以及面對老、病、死的事實，而感到人生是痛苦的。」

佛陀要人們勇敢地去面對現實的人生，找出痛苦的原因，並親自去解決它。

佛陀又說：「一切的痛苦都是由欲望和無知引起的。」

這是佛陀親身觀察和體驗出來的真理。試看今日的世界，紛爭四起，社會不寧，人與人、國與國、種族與種族之間所發生的爭執，種種不愉快的事情，那一樁不是由欲望和無知所引起的？

為了徹底解決人生的痛苦，佛陀提出了八正道。八正道是個人修養以及待人處世的道德標準，如果能夠真正瞭解

● 塔，略譯為塔婆、偷婆、兜婆、佛圖、浮圖、浮屠、佛塔。簡言之為「頂」、「堆土」的意思。原意是指為安置佛陀舍利等物，建構而成的建築物，傳至後世，多與「支提」（梵 caitya）混合同用，泛指於佛陀生處、成道處、轉法輪處、般涅槃處、過去佛陀所經行處、有關佛陀本生譚之聖地、辟支佛窟，乃至於安置諸佛菩薩像、佛足、祖師大德高僧遺骨等等地方，以堆土、石頭、木造等等建材構築而成，作為供養禮拜的地方。

八正道，並努力去修持，可以使人獲得智慧，解除痛苦，過著平安的生活。

佛教不主張迷信，或者死守教條。佛陀鼓勵人們對教義作自由的探討和批評，而不是人云亦云。佛陀雖然證得了世間最高的真理，並且指出造成痛苦的原因和解除痛苦的方法，但是他卻不主張弟子們盲目地或迷信地接受他的教理。佛陀要弟子們聽了佛法之後，對他所說的佛法進行探究，提出疑問，悟出其中的道理，才去接受，並且在日常生活中實踐。這是信仰的正確態度，佛教是正信的宗教。

佛教不僅尊重人們自由探究和選擇的權利，也主張包容。尊重、包容與慈悲是佛教的特色。佛教在傳播的過程中，一向與其他的宗教和平共處，從不反對或排斥任何的宗教，這種精神，在現代多元化社會中尤其重要。

慈悲與平等

慈悲、平等是佛教的宗旨。佛教的平等，就是沒有階級的限制，沒有種族的歧視，更沒有人與物的分別。因為一切眾生平等，所以佛教不主張殺生，對眾生一視同仁。佛教認為眾生在這個世界上，彼

此唇齒相依，人類不應該短視地、自私地破壞自己居住的環境。佛教提倡愛護一切眾生、一切有生命的個體，推而廣之，愛護整個地球，整個宇宙。在互相關懷與彼此扶持之下，眾生都能和平共處，共同維護整個地球，整個宇宙。眾生和平共處，就是慈悲的具體表現。

佛教還強調自力。佛陀說人人都有佛性，人人都可以成佛。佛陀

認為人的前途並不是受到到超自然力量或者是神所控制，自己的命運是由自己的行為所決定的。要成佛，就必須靠自己努力去修行。正如宇宙間偉大的事物必須靠人類自己去創造一樣。一個上進的人便可向上，怠惰不務正業便會下墮，失敗就不應該怨天尤人，更不應該把責任推給命運。

佛教與科學

佛教有許多理論都是符合科學的。佛陀在二千五百多年前所說的許多事物，都被今日的科學家證實了。佛陀有一天看著缽中的水說：「水中有八萬四千蟲。」現在科學家已證明了微生物的存在；在《正法念處經》裡，佛陀也說，：「在人體中有八十種細菌。」在《修

行道地經》中，佛陀更進一步指出這八十種細菌在人體中的位置。

此外，佛陀又說：「宇宙有三千大千世界。」今日科學家也早已證明，除了我們居住的銀河系之外，尚有其他的銀河系。據《長阿含經》的說法：以須彌山為中心，同一日月所照的天下為一「小世界」；一千個「小世界」為一「小千世界」；一千個「小千世界」為一「中千世界」；一千個「中千世界」為一「大千世界」。因此「大千世界」包括小、中、大三「千世界」，故稱「三千大千世界」。

佛陀這樣的科學知識，在佛教經典裡常可見到。科學越進步，佛教許多理論便可一一得到證明，佛教與科學不但不發生衝突，甚至可以啓發科學家對科學作進一步的研究與探討。

事事關心

佛陀是人間的覺者，看透了宇宙的真相，證悟了宇宙最高的真理。本著慈悲的精神，向眾生弘揚佛法，使眾生都能從佛法中找到解除痛苦的途徑，走向光明大道，佛陀慈和寬容的形象，深深感動人心。佛教徒在佛像前五體投地，頂禮跪拜，是內心底無限的欽敬與仰慕的一種表現，以鮮花、香燭供奉佛陀，一方面是對佛陀表示虔敬，另一方面，鮮花和香表示芳香清潔，燭則表示光明；從鮮花的凋謝，香燭的燒盡，也讓我們時時記住無常的道理。因此，禮佛燒香，供奉鮮花是佛教徒誠懇的心念、感恩的行為。

許多人誤以為佛教是出世的宗教。其實，佛教團體都是關心社會與關懷人類的。本著慈悲救世的精神，佛教徒不斷地、積極地從事各種社會服務工作，救助窮人與病患、孤兒與老人、創辦學校、醫院、救濟院及圖書館等。佛教徒的四無量心與菩薩的四弘誓願都在在的顯示，眾生度盡方證菩提。

2 人際關係的提升

禮敬六方的真義是：一個人應該以良好的互動方式，負起六種人際關係的責任。這六種人際關係是：父母、子女、師生、夫婦、朋友、宗教師和弟子、老闆和員工。一個人倘若能負起應盡的各種責任，就能在家庭裡和社會上享受和諧、安定與榮華的果實。

生活佛法

佛陀在弘法的過程中，宣說許多對於在家眾的生活佛法。在《善生經》中，佛陀談到關於個人在家庭裡，在社會中所應扮演的角色以

及必須盡到責任的問題。佛陀也解釋了在家眾應該如何在家庭裡和社會上建立起理想的人際關係，而這些關係則是依據人與人之間的相互責任所建立起來的。

根據《善生經》的記載：有一天，佛陀看到善生在清晨沐浴之後，禮敬六方——東方、南方、西方、北方、上方和下方。這是善生在他父親臨終的時候，答應父親必須忠實地遵行的一種古禮儀式。因為當時的人都相信，禮敬六方的神祇，讓神祇喜悅，神就會賜予禮敬他們的人好運、幸福和成功。

佛陀見到善生的舉止就向善生解釋六方的真實意義。佛陀說：「東方，代表父母；南方代表師長；西方代表夫婦；北方代表朋友；上方代表宗教師；下方代表部屬與員工。」這六方表示了六種人際關係，父母子女、師生、夫婦、朋友、宗教師和弟子、老闆和員工。一個人禮敬六方，意味著他應該以相互的方式完成他在任何一種人際關係中的責任。在生活中，每一個人都同時擔任幾種不同的角色，如父母、子女、朋友或老闆、部屬，所以每個人都必須瞭解到自己所扮演的角色，同時完成應盡的各種責任。

● 透過和善的身體語言，表達出適當、溫和的善意，可以減少人與人之間的疏離感。

● 即使親如父母子女，和諧的關係融洽的氛圍同樣需要用心地呵護，親子共同加入有益身心靈的社團活動，除了可以增進個人與社群的互動，也可以同時促進家庭的歡樂與親近度。

家庭的幸福

佛陀認為家庭是構成社會的重要單位，就像樹木是形成森林的基本要素一樣。一棵樹，不管多堅固，都無法抵擋狂風暴雨；不過，如果它和其他的樹生長在一起連綿成一片森林，就能夠抵擋狂風暴雨的侵襲了。

自古以來，孝道的觀念一直都受到重視；可是，在今日的社會裡，人們卻已經覺察到年老的父母被子女忽略所產生的社會問題。遺棄父母的新聞時有所聞，養兒防老已經成為一個不被希冀的美夢。

現代人子不子、父不父的現象令人憂心忡忡。社會的步調、生活的壓力，讓家庭的結構受到很大的衝擊。許多父母的教養責任已經由褓母、幼教老師所取代，但是不管家庭組織的變化如何，父母與子女之間的相互信任與依賴是無法被取代的。父母慈愛子女，呵護他們照顧他們，無非是希望兒孫一切順利。

為人父母有為人父母的責任，舉凡阻止子女做不正當的事；教導子女正確的道德觀念；提供子女受教育；幫助子女成就美好的婚姻；在適當的時候，讓子女繼承家業，這些都是身為父母者不可推諉的責任。而子女則有奉養父母；分擔父母的工作；保護家庭的財物；維護家庭榮譽的責任。

父母親恩深重，在《善生經》裡所提到的子女對父母所應盡的義務，只不過是最基本的回饋罷了。

夫妻

男人與女人結婚後，應該分享幸福與分擔痛苦。夫婦是家庭的核心，和諧而成功的婚姻，可以使家庭安寧、幸福。

若要擁有美滿的婚姻，丈夫應該做到禮待、讚美、忠實、一起處理家庭的事務。以具體的行為表現對妻子的愛、尊重與關心。相對的，妻子也應該以愛、尊重和相互扶持來作為回報。為人妻者就該

● 哼哈二將，是明代小說《封神演義》作者，根據佛教守護寺廟的兩位門神穿鑿附會而成的兩員神將。根據故事內容，哼一鄭倫，原為紂王的部將，曾拜昆崙度厄真人為師，真人傳授他竅中二氣，將鼻一哼響如鐘聲，並噴出兩道白光，吸人魂魄。後來為周文王所擒改邪歸正。

哈一陳奇，同為紂王部將，曾受異人傳秘，養成腹中一道黃氣，張口一哈，黃氣噴出，見者魂魄自散。後為哪吒刺死。

姜子牙封神時敕封鄭倫、陳奇鎮守西釋山門，宣佈教化、保護法寶。這就是民間所流傳的哼哈二將。

好好地料理家務、善待親友、忠實、妥善地處理丈夫的錢財並勤勉地工作。

在《善生經》裡提到的丈夫和妻子的相互責任，最顯著的一點是，丈夫和妻子的地位和權利是相等的。這與傳統的社會規範成了對照。在父系傳統社會裡，女性的地位遠不如男性。可是，在佛陀的眼中，丈夫和妻子的地位平等，雙方都應執行相互的責任《善生經》裡也提到：丈夫和妻子在關係到家庭命運事務方面，同樣擁有決定的權利。

個人與社會的互動

在家庭裡，每個成員都需要負起自己的責任，大家才能夠和睦相處，並確保家人獲得幸福。同樣地，每個人在社會上也要負起應盡的各種責任，才能過安樂的生活，也才能確保社會的和諧與繁榮。

● 每個小朋友都充滿了無盡的好奇心，對周遭環境伸出探索的觸角，為孩子創造良善的、自然的生活環境是家庭與社會群體共同的責任與義務。

● 何不暫時拋開一切，伸個懶腰做個深呼吸，跟自己的身體好好溝通、自然相處，或許靈光乍現，我們可以找回喜樂的本源。

朋友

每個人都希望有朋友。真正的朋友，不論在任何時間、任何情況下，都能真誠地表現對彼此的關懷、同情和瞭解。對待朋友的方式要慷慨、有禮、樂於助人、待人友善還要真誠。我們對待真正的朋友，都應該在對方不小心的時候彼此眷顧，在朋友疏忽的時候保護對方的財物，在朋友遇到危險時庇護他，當朋友惹上麻煩時，不要離開他並尊重朋友的家人。

因為我們對待朋友是以真心，所以選擇朋友和維持朋友的關係同樣重要。良友對一個人的身心發展有幫助；相反的，損友則會慫恿一個人去做壞事，使我們現在或將來受苦。佛陀說：「不與無知的人做朋友，我們要親近善知識。」

老闆與員工：上司與部屬

任何企業的成功，主要決定於老闆和員工之間的良好關係。如果彼此缺乏瞭解和關懷，便不能盡力的把各自的工作做好。老闆或上司有義務好好地照顧到每一個員工和部屬，合理的分配工作、給付合理的酬勞、提供醫療福利、給予盡心盡力且有才能的員工與部屬獎勵、讓員工與部屬享有假期，並允許員工請假去處理緊急的家庭事務。而員工與部屬應該以認真負責作為回報，準時上班，並且主動工作、確保工作準時完成、誠實地把工作做好並維護老闆與公司的名譽。

老師與學生

師生的關係是重要的。一個人如果無知，沒有足夠的知識，就不能在經濟和社會上得到基本的保障。一般而言，只有在獲得基本需求以後，人才會有興趣去探索真理。

師者，傳道、授業、解惑。一個學生必須做到禮敬師長；照顧師長的需要，使他感到舒適並認真地學習；師長說話，專心諦聽。對老師應該尊敬與感激。而為人師者也應該愛護和關懷學生，並必須做到以身作則，樹立好榜樣；確定學生已經掌握各種知識與技能；運用有效的教育方式；關心學生的福利與安全。

老師是學生的典範，可以在精神上和道德上激勵學生；正因如此，師生關係是一種具有高度推動力的人際關係。不過，這種關係需要小心培養、好好地維繫，才能產生最大的效能。老師和學生需要相互信任，認真且忠誠地負起各自的責任。

宗教師與弟子

宗教師在指導弟子獲得真理的層面上，扮演著重要的角色。身為弟子，應該做到在行動上表示敬愛他、在言語上表示敬重他、在思想上表示信賴他、歡迎他的到訪、供給他的所需。而宗教師也應負起教育的責任，糾正弟子們的錯誤、鼓勵弟子做好事、親切地對待，但最重要的是教導真理、指示弟子們應該如何修行，走上解脫的道路。

宗教師與弟子的關係，許多地方與老師和學生的關係很相似；不過前者的關係更顯得重要。因為一個人這一世的快樂和痛苦，以及來世的快樂或痛苦，都決定於這種關係的成功或失敗。一個人在進行一項足以影響他將來的工作時，都應該事先和宗教師磋商。同樣地，如果沒有宗教師的指導和幫助，弟子很難證悟真理。由此可見，宗教師和弟子的關係，必須要雙方特別用心地去維護。

佛陀在二千五百年前對善生的這些忠告，仍然適用於今日的社會。佛陀除了指出人們應該有的表現以外，也指導在家弟子如何促進與社會成員之間的關係，人類都應該互相尊敬並負起自己的責任。佛陀是一個實踐者，所有佛陀所說的法都是他親身體驗並身體力行的，如果每一個人都能夠遵照佛陀的教育去做，那麼，我們身處的社會就會是一個理想國度，每個人都可以和諧、安定、繁榮地過日子了。

● 每個人都需要朋友，志同道合的伙伴對於我們的人生有很大的助益，近朱者赤，近墨者黑，我們在選擇朋友的時候都應該謹慎，友直、友諒、友多聞是我們選擇朋友時最好的參考值。

3 儀式與節慶

佛教徒必須禮敬三寶、供養三寶、讚頌三寶。而佛教團體也在
浴佛節、盂蘭盆會等節日裡舉行慶祝儀式，佛教徒透過這些儀
式，表示對三寶的崇敬，也藉此感念三寶的殊勝與佛陀的諄諄
教誨。

佛教的儀式

我們要瞭解佛教，除了必須知道佛陀的生平和佛法之外，還必須知
道各種佛教相關的儀式和節日。佛教儀式和節日，有的很普遍，有
的則是某些國家或區域所特有的。我們可以在佛化家庭和寺院裡看

到佛教儀式的舉行，譬如供佛、禮佛或誦經等。在特別
的節日，如浴佛節、盂蘭盆會等等，人們可以從
佛教的各種活動中，看到佛教團體慶祝節日的
方式。不管是個人或團體所舉行的儀式，都
表現了佛教徒對三寶的崇敬。

佛教對人類最重要的三種需要──提供解答
宇宙人生的問題，解決人際間的問題以及對
表現內心的信仰提供一種滿足的方法。佛教的慧學
與定學不但涵蓋了佛教的哲學，也涵蓋了佛教心理學；
而戒學則是佛教的倫理學。至於佛教的儀式，它不僅只是信眾對三
寶崇敬的表現，也是使信眾不忘佛法的方式。

事實上，許多佛教儀式，早已深深地根植於不同的文化傳統之中
了。比方，佛教有如一棵樹，慧學、定學和戒學有如伸入空中的樹
幹、樹枝，而佛教的儀式則有如樹根。一棵樹如果沒有樹幹、樹枝
和樹根，就不能生存。同樣的，佛教如果失去了
教理（慧學、定學和戒學）和儀式這兩個部分，
也就不能生存了。如果除去了教理，佛教將失去
它的特色；如果失去了宗教儀式，佛教也將與一
般大眾脫離關係。

● 壇場，亦稱為壇、道場等。一
般有兩種意義─指佛家演說教
法的場所；其二是指密教之曼
荼羅，為密教修行者作法修行
的地方。

壇城

一般人都會將值得敬愛的人或特別珍貴值得留戀
的東西，以具體的形象加以保留。一個人在心愛
的人去世之後，最常出現的舉止是將對方的照片
保存起來作為紀念。佛陀入滅後的前幾個世紀，
佛教徒並沒有塑造佛像。這個時期的佛教藝術，
以蓮花座、佛足或法輪象徵佛陀。這一點反映出
佛教徒深信佛陀勝德是不可思議、不可限量的，

● 對於佛教徒而言，恭敬供養與塑造佛、菩薩的塑像，都是表達心中的虔誠並時時刻刻提醒自己培養見賢思齊的精進心。

● 八供，是古印度傳統迎請供養國王與尊榮貴賓的禮儀，佛教徒為表達虔誠與恭敬便依照此種方式供養。
八供即飲水、浴水、花、香、燈、塗油、食與樂。

無法以人世間任何具象或描繪來表現佛陀。

公元前二世紀之後，佛像才開始出現，而且在佛教儀式中扮演重要的角色。根據推測，一般佛教信眾是為了把佛陀的形象具體化才塑造佛像的。從宗教歷史的觀點來看，採用佛像作為崇拜的對象，是為了適應一般大眾心理。

在北傳佛教的壇城上，除了佛陀之外，同時也供奉菩薩的聖像。人們常見的觀世音菩薩聖像就有許多種，千手千眼觀音、魚籃觀音、楊柳觀音不一而足。壇城上有時也供奉一手持劍、一手拿經卷的文殊菩薩以及西方淨土的阿彌陀佛。通常阿彌陀佛聖像的兩側，有觀世音菩薩和大勢至菩薩。這三尊聖像，合稱「西方三聖」。

所有的佛像，不管在寺院或在家中供養之前，都要經過開光儀式。這種儀式，象徵一種精神力量的注入。傳統的作法是在聖像之中留下空間，在進行開光儀式時，把檀香、藥草、金銀、珠寶、寫上經文或咒語的紙張、舍利等放入佛像中，這個儀式稱為「裝藏」。

佛化家庭或寺院裡所設的壇城，是舉行佛教儀式的地方。通常佛像位於壇城的正中央，它可能是由大理石、金屬、木頭、陶土所雕刻或塑造成的。當然，用什麼原料雕塑的都不重要，重要的是它所代表的意義。佛像代表佛陀，可以使佛教徒時時刻刻記著佛陀超凡入聖的典範。

壇城上有時也供奉佛經，佛經象徵佛法。有的壇城也置放高僧與上師的塑像和法照，這些塑像和法照都是僧的象徵。

在壇城上常見的物品有蓮花。蓮花是精神昇華的象徵。因為它出污泥而不染，代表著純潔。在宗教裡，蓮花有特殊的意義，其意為人們像蓮花一樣，雖然根植於充滿無知與誘惑的娑婆世界裡，但是經過佛法的薰陶之後，卻能像蓮花一樣出污泥而不染，進而開出悟道之花。同時，蓮花的種籽更象徵著人們本具的佛性。

當佛教徒站在壇城前，所看到的佛像、經典、法照都是提醒著佛教徒，三寶的意義與殊勝，並且激勵自己去培養正確的觀念。

禮敬三寶

不同文化背景的人，會用不同的方式表
達愛意和尊敬。佛教徒禮敬三寶的傳統
姿勢是：雙手合十，高舉至額前，然後
五體投地跪拜在三寶面前。佛教徒對佛
像頂禮，意在降服以自我為中心的驕傲
心理，無形中也就培養了謙恭的美德。
右肩朝著某個值得崇敬的對象，繞行三
圈或三圈以上，是表示敬意，這也是佛
教儀式之一。佛教徒右肩朝著壇城、寺
院、上師、菩提樹或舍利塔，以謹慎、
緩慢的步伐，依著順時鐘方向繞行，除
了表示禮敬三寶以外，也是促使一個人
把注意力集中在某個目標上的方法。除
了佛教以外，亞洲的其他宗教也有這種
儀式。

在不同的國度、文化中，禮佛有不同的姿勢。一般華人的禮佛姿勢
是這樣的：

首先肅立佛前，合掌當胸，兩足跟相離約二吋，兩前足趾分開約八
吋，成八字形。將頂禮時，右手先下，左手後下，接著腰幹徐徐彎
下，同時兩腿彎屈兩膝分開，靠在拜凳邊。蹲下時，右手先著拜凳
中央，次將左手放在拜凳上，位置較右手略前，再把右手向上移使
與左手齊，然後將兩手翻轉，手掌朝上。同時頭叩拜凳上，其位置
介於兩手之間，這叫做──頭面接足禮。

頂禮畢，把兩手翻轉同時抬頭，起身。起身時，先把右手縮回，撐
住在拜凳上，令身起立，同時把左手提起當胸，再把右手提起，合
掌立正。

三拜既畢，須一問訊。問訊時，合掌鞠躬。當腰彎下時，右手四指

包於左手四指內，兩手大拇指相並，舉起時拱手齊眉，再放下。

供養三寶

人們通常以贈送禮物來表達自己對他人的愛意、感激或尊敬。供養三寶，也是表達對三寶的敬意。佛教徒只用美好的、純淨的東西來供養三寶。一般供品包括：燈、燭、香、鮮花、水果和淨水等。

以水供養三寶極具深義。水不但能洗去穢物，也象徵除去一切精神上的污染。水在印度恆河流域文化裡，被認為是聖潔的。此外，在某些區域，水只能在固定的季節裡獲得，所以水也被認定是生命與富饒的象徵。

在這些供品中，燭光象徵智慧。提醒佛教徒，智慧可以破除無知，就像光明可以驅走黑暗一樣。

鮮花並非永遠都是新鮮、芬芳和美麗的，它很快地就會凋謝，這可以提醒佛教徒，一切事物都是無常的。

點燃了香，香味瀰漫，這象徵一個品德高尚的人，聲譽遠播四方。所以佛教徒燒香，不但表示對三寶的崇敬，也是提醒自己要培養良好的德行。

佛教徒供養三寶是有功德的：如果能夠瞭解供養的意義，所得的功德就更大。表面上看來，佛教的供養與有些宗教的獻祭有些相似。但在本質上，它們是完全不同的。因為有些宗教所謂的獻祭時常殺害生靈；而佛教的供養並不如此。另外，原始的獻祭是為了取悅神祇，求神祇賜福。

佛教的供養，是禮敬三寶的一種表示。供養，使信眾培養慷慨的美德。因為三寶具有崇高的品質，所以供養三寶不但是一種善業，而且福報也是很大的。壇城上的供養只是象徵性的，因此一個人不必顧慮自己的供養是否太多或太少，會不會被接受、在供養後會不會後悔等問題，這樣，從供養所獲得的福報，才不會受到心理上的影響而減損。

● 八供養是指金剛界三十七尊中內供之四菩薩與外供之四菩薩。

● 內供一大日如來應四方如來所證三摩地之德，而由心中流出四菩薩以供養之，即以嬉、鬘、歌、舞四菩薩分別供養東方阿閦如來、南方寶生如來、西方彌陀如來、北方不空成就如來。

外供者一由四方如來流出，為供養大日如來之菩薩，即阿閦如來以香菩薩供養之；寶生如來以華菩薩供養之；彌陀如來以燈菩薩供養之；不空成就如來以塗香菩薩供養之。

持誦經典

頂禮跪拜、繞佛和供養，是佛教徒經由行動來表達對三寶的崇敬。佛教徒誦經同樣是表達對佛陀的崇敬。佛教徒誦經內容有三種，三寶的讚詞、佛經和密咒。佛教徒在念誦經文時，便能記取佛陀的教誨以及佛陀所具有的勝德，仿效佛陀的大慈悲與大願力，隨時提點自己依教奉行、精勤不懈。

在不同的佛教文化傳統中，佛教信眾有不同的誦經與念佛的方式。不過大體上念佛與誦經可分為四種。

稱念佛陀勝德、聖號

南傳佛教信眾通常稱念佛陀的九種名號，而北傳信眾也稱念佛、菩薩的種種名號如〈南無阿彌陀佛〉南無為梵文Namo的音譯，是皈敬的意思，為佛教徒一心皈敬佛陀的用語。阿彌陀佛是西方極樂世界的教主。「南無阿彌陀佛」的意思是皈敬阿彌陀佛。稱念阿彌陀佛聖號就是希望往生之後，能夠投生到阿彌陀佛的淨土——西方極樂世界。

念誦經文

南傳佛教信眾較常念誦的經文有《吉祥經》《慈悲經》《三寶經》而北傳信眾所持誦的經文有《心經》《金剛經》《妙法蓮華經》《大方廣佛華嚴經》《阿彌陀經》《地藏經》等。

稱念咒語（陀羅尼）

許多北傳佛教的信眾也稱念咒語，如〈大悲咒〉〈文殊師利咒〉等。

● 經，為佛說之法教，初傳於口，後書於貝葉。佛陀涅槃後由弟子集結流佈於世。
經，梵語修多羅，上契十方諸佛所說之理，下契一切聽經眾生的根機，故華文譯為契經。《無量壽經》上曰：「菩薩經典，究暢要妙。」〈法華經序品〉曰：「聖主師子，演說經典，微妙第一。」

● 持誦經典功德幾何？在許多經典
　裡己載明：
　《阿彌陀經》「聞是經受持者，及
　聞諸佛名者，皆為一切諸佛之所
　護念，皆得不退轉於阿耨多羅三
　藐三菩提。」

● 造形平和安詳的菩薩塑像，可
　以與人攝授與寧靜平和的覺
　受，讓心情沈澱、頭腦清明。

稱念眞言（密語）

北傳佛教信衆也稱念〈六字真言〉，〈六字真言〉是指唵、嘛、呢、叭、咪、吽（Om Ma Ni Pad Me Hum）六字真言顯現了觀世音菩薩救度六道衆生的誓願。如果一個人誠心稱念〈六字真言〉觀世音菩薩將以種種方便法門救度他。

另外有一種解釋〈六字真言〉與六道相對應。「唵」對應天道；「嘛」對應阿修羅道；「呢」對應人道；「叭」對應畜生道；「咪」對應餓鬼道；「吽」對應地獄道。

〈六字真言〉是觀世音菩薩的智慧和方便法的統一。而這種統一是從觀世音菩薩的大悲心所發出來的。

佛教徒也用念珠來計算念咒或稱念佛號的次數。念珠可以用檀香、蓮子、象牙、水晶、玻璃或其他材料製成，長短不一，一串有多至一○八顆的，也有少至二十一顆的。佛教徒誦經，不只表示尊敬三寶，也提醒自己要努力精進。此外它也可以幫助一個人集中注意力，使人內心寧靜與平和、安定。

佛學小辭典

■關是禁的意思。是禁止
殺、盜、婬等八罪,使
之不犯。齋者,是過午
不食。以八戒助成齋
法,共相支持,故又名
八支齋法。每月初八
日、十四日、十五日、
二十三日、二十九日、
三十日,是為六齋日。
於此六日,能修行此八
齋戒者,能增長福祿與
壽命。

八戒:

一、不殺生,不殺生
者,謂不斷一切眾生之
命也。自不殺生,亦不
教人殺生。

二、不偷盜,不偷盜
者,謂不竊取他人財物
也。自不偷盜,亦不教
人偷盜。

三、不邪婬,不邪婬
者,謂於非己妻,不行
婬欲之事。

四、不妄語,不妄語
者,謂自不妄言,亦不
可以虛妄之言而誑於他
人。

五、不飲酒,不飲酒
者,謂酒是亂性之本,
起過之門,故不可酣
飲。

六、不坐臥高廣大床,
高廣大床者《阿含經》
云:床高一尺六寸,非
高也;闊四尺,非廣
也;長八尺,非大也。
但過此量者,名高廣大
床,不宜坐也。

七、不著花鬘瓔珞,不
著花鬘瓔珞者,謂不以
花為鬘,珠璣為瓔珞,
而作身首之飾。

八、不習歌舞戲樂,不
歌舞戲樂者,謂自不習
歌舞戲樂,及不得輒往
他處觀聽,亦不教人歌
舞戲樂。

浴佛節

浴佛節通用來說,是在每年農曆四月初八。是佛教最重要的一個節日,因為它是釋迦牟尼佛誕生的紀念日。在這一天,全世界千千萬萬的佛教徒,都熱烈地舉行慶祝儀式。

在浴佛節這一天,寺院都懸掛佛旗和點燃燈燭,並預備素食招待信眾。佛教徒在這一天茹素,也以鮮花和果品供佛。有些佛教徒一早就集合在寺院裡受持八關齋戒,有些也在這一天皈依三寶、繞佛、誦經和聽聞佛法,累積種種善業功德。

佛教徒並參加浴佛的儀式:浴佛就是在一個盆子的中央,放置一尊站立著的悉達多太子的小塑像,盆中盛著特製的香湯(台灣普遍是以甘草和肉桂熬湯汁)信眾使用長柄勺子舀取盆中的香湯,淋在塑像上。浴佛儀式,是象徵淨化一個人的思想和行為。

在浴佛儀式進行時,信眾會一邊唱誦浴佛謁:「我今灌沐諸如來,

淨智功德莊嚴聚：五濁眾生令離垢，願證如來淨法身。」

此外，有些佛教徒還參與在浴佛節所舉行的放生儀式；放生就是買來待宰的鳥、雀或龜、鱉、魚等，將它們放到適合生存的山林、水域。放生是發揚佛陀大慈大悲的精神，但是現代人放生應該多一份對環境保護的謹慎，多一份對大地的用心，可以免於生態環境的破壞，讓表彰護生的精神實際地被落實。

新月日與月圓日

農曆每月的初一也叫做新月日；十五則稱月圓日（也稱「布薩日」）

在這些日子裡，許多佛教徒都吃素，並且到寺院去誦經、供佛、禮敬三寶。有些佛教徒在這些日子裡受持八關齋戒，八關齋戒是讓在家眾過一段短暫的出家清靜生活。有些在家信眾則在初一、十五這兩天以吃素來代替八關齋戒。

盂蘭盆會

盂蘭盆會源自目犍連尊者在禪定中，見到過去世的母親在餓鬼道中受盡種種痛苦，不忍母親遭受摧折的尊者便去向佛陀求助。佛陀勸他設齋供養出家眾，以僧寶的修行力量，來幫助他的母親及餓鬼道中的其他眾生解脫痛苦。據說目犍連依照佛陀的話去做了之後，他的母親很快地便脫離了餓鬼道。

盂蘭盆梵文的意思是救倒懸。假如有一個人，被倒掛著懸在樹上，這個人一定是難受的。這時候，若是有人願意去解救他，解開縛綁他的繩索，就是「救倒懸」。

設齋供養出家眾，以解除往生父母親屬和餓鬼道中

其他眾生痛苦的做法，後來形成華人社會中一個主要節日——盂蘭盆會，也稱為水陸法會。它是在每年的農曆七月十五日舉行。台灣的佛教徒也是在這天設齋供養出家眾、誦經和行布施。

盂蘭盆會，它是人們紀念先人以及救度餓鬼道中一切眾生的慈悲日，在台灣目前更有許多佛教團體擴大舉行盂蘭盆法會，將整個農曆的七月份設定為慈悲月。

其他重要的佛教節日還包括：

彌勒菩薩聖誕——農曆正月初一；觀音菩薩聖誕——農曆二月十九日；藥師佛聖誕——農曆九月底；地藏菩薩聖誕——農曆七月底。

在這些重要的節日，佛教徒仍遵循佛教儀式舉行各式不同的慶典與布施。

第二篇

慈悲喜捨 無量心

慈心無量　放下執著與瞋心

悲心無量　沒有傷感與優越

喜心無量　對治妒忌與自私

捨心無量　拋棄冷漠　平等對待

1 尋找真理之鑰

三寶是指佛、法、僧。一個希望獲得真理的佛教徒,會以佛陀為嚮導;以法為遵循的指標;以僧為旅伴;皈依三寶,是佛教徒尋求真理的開始。

直至菩提我皈依

一個人要成為佛教徒,必須接受三皈依——皈依佛、皈依法、皈依僧。

眾生皆有許多痛苦和不如意。佛教徒在面對這些痛苦時,會去尋求解除痛苦的方法;正如一個在旅途中遇到暴風雨的人,會尋找

躲避風雨的地方一樣。如果旅人找到堅固安全的環境便會進入安全的處所，同時，也會招呼還在暴風雨中掙扎的旅人們，一同到堅固安全的地方安身。同樣的，當一個人知道了誰是佛陀以及佛、法、僧三寶能夠幫助人們解除人生痛苦的時候，便會皈依三寶成為佛教徒。本著同體大悲的心，人們同樣會鼓勵大家一同皈依三寶，希望眾生都能不再受苦。

三寶

佛、法、僧合稱三寶，因為三寶具有如同寶石一般稀有、可貴的品質。佛教徒的皈依並不是出於盲目的信仰，而是在認識了三寶的可貴後，相信並實際體驗三寶是能夠真正引導人們去獲得幸福與真理，才以三寶為依歸的。所以，每一個佛教徒都應該以謙遜的態度、探討的精神去修學佛法。

佛，是覺者的意思。是對證悟真理的人的尊稱。佛教徒認為佛陀體

● 僧，僧伽的簡稱，於義為眾。集受具足戒的比丘三人或四人以上，方得稱僧。

僧伽，和合眾的意思。比丘三人以上，身和同住，口和無諍，意和同悅，戒和同修，利和同均，見和同解，以這六和的和諧合聚的精神，團結生活在一起，稱為和合眾。

僧雖通於男女，但以名男子之出家者，尼為比丘尼之略，女子之出家者。

僧寶，謂稟佛教法，修因得果，即聲聞、緣覺、菩薩，是為僧寶。

現了最崇高的德行、最精深的禪定和最圓滿的智慧，所以是最完美的人。佛已經斷除了貪、瞋、痴，不再造惡業；也已經沒有了痛苦，不再生死輪迴。佛陀是一位無上的覺者。由於佛陀有著圓滿的智慧，知道什麼對眾生有利，什麼對眾生無益，本著慈悲心腸，指引人們走一條解除痛苦的道路。佛陀的大智慧、大慈悲心以及那堪稱典範的道德行止，使他成為一位偉大的導師，以種種方便法門讓弟子們都能瞭解佛法、實踐佛法，並使四眾弟子對佛法深具信心。

佛教經典裡對於佛陀品德的描述，大部分是依據佛陀的十大名號引申而來。

這十大名號是：

如來。佛陀德行圓滿，以最高智慧體證了究竟真理，這真理就是真如。佛是契合這種平等不二的真如而來，故名如來。

應供。佛陀的德行最為圓滿，所以應受人天供養。

正遍知。佛陀能夠正確遍知一切事物。

明行足。明，是智慧。行，是布施、持戒等善行。足，是圓滿。佛陀的智慧和善行都已無缺，圓滿具足，所以稱為明行足。

善逝。逝，是去的意思。也就是證入涅槃，卻不捨棄眾生。

世間解。解，是瞭解。佛陀具有圓滿的智慧，能瞭解世間一切事理，所以名為世間解。

無上士。佛陀是世間最尊貴者，也是人天的導師。他至高無上，沒有任何人可以超越，所以稱為無上士。

調御丈夫。丈夫，指修行者。調御，是比喻佛陀教化眾生，無論眾生的根性如何惡劣乖戾，佛陀都能善巧調御，使對方慢慢轉向佛法，修學佛法而有所成就。

天人師。佛陀在人間雖然以人類為教化對象，但佛陀同樣教化天神及其他眾生，所以被尊為天人師。

● 修菩薩行者，常應廣運大悲心於諸下劣不善之人，設以橫逆而加於我，不惟忍受其辱，抑且方便救護，使其改惡遷善，無量福德即由此生。

世尊。佛陀是覺者，能徹底覺悟生命的奧秘，覺察世間的種
　　　種事理，是世人所共同尊重的人，所以名為世尊。
佛陀本著慈悲心對在生死中輪迴的眾生說法，佛陀說法是
為利益眾生。在本質上，佛法就像明燈一般地純淨和明
亮，能夠驅除無明與黑暗。一個人如果能努力修學佛法，
現在和未來都會獲得許多好處。佛陀所說的法，解釋了宇
宙的生命真相，佛法能夠幫助人們證悟真理解脫生死輪迴。
法的內容非常廣泛，分為教、理、行、果四法。

教法。佛在悟道後，把所證得的真理，依照眾生不同的根器，
　　　說了種種不同的教法。法也就是佛所證、所說的教法。

理法。理法就是佛陀所顯露出來的道理，如因果、善惡
　　　業、四聖諦、十二因緣、輪迴等。

行法。行法是依佛的教法如實地修行，不作惡而作善。三
　　　皈依是行法的開始，然後是受五戒、行十善、修八
　　　正道等法門。

果法。果法是依佛的教法去修行而證悟到不同的果位，如阿羅漢
　　　果、菩薩果、佛果等。

至於法的內容，北傳佛教徒不只接受南傳經典中的教法，也修習北
傳經典中的教法，如《般若經》《妙法蓮華經》等。

從教理的角度來看，法有「不害」和「無我」（或「空」）的兩層意
義。不害，使人獲得快樂和幸福；而無我使人獲得解脫。這兩層意
義即包含了法的入世和出世道理。佛法被收錄在三藏裡。三藏是指
《經藏》《律藏》和《論藏》。《經藏》記載了佛陀所說的道理；《律
藏》收錄了出家眾所應遵守的戒律；《論藏》則收集了佛教哲學和
心理學的著作。

佛教徒可經由聽聞佛法或閱讀經文瞭解佛陀的教義；也可以從有經
驗的佛教導師的著作和注釋中去瞭解佛法。當佛教徒熟悉了所聽聞
和閱讀的佛法之後，最重要的還是需要實踐，以證明佛法的真實。
換句話說，一個佛教徒必須培養良好的品行並啟發智慧，使佛法成

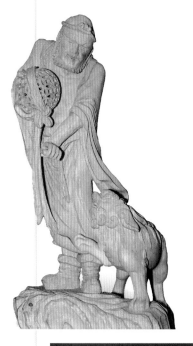

佛學小辭典

■阿羅漢，華言無學即第四
果。謂此人斷色界、無色界
思惑盡，四智已圓已出三
界，已證涅槃無法可學，故
名無學。四智者，我生已
盡，梵行已立，所作已辦，
不受後有也。梵語涅槃，華
言滅度。

為自己生活經驗的一部分。

佛教徒所皈依的僧，主要是指具有高尚品德和超凡智慧的修行人。僧可以作為德行和修行方面的模範，以實際的行為體現，只要努力修行，便可以達到證悟真理的目的。

出家僧眾精進地持戒與修習禪定，因此精神專注、心境平和、不被欲望所誘惑。他們擁有智慧和豐富的佛學知識，成為傳承佛法的良師，他們也像可信賴的朋友，時常激勵人們培養優良的品行；也因為僧眾具有高尚的品德，所以他們是供養的對象。另一方面，供養僧眾可以使人獲得福報，所以僧眾也被尊稱為「世間無上福田」。一般供養僧眾的物品有飲食、衣服、臥具和藥品等。

在家修行的男女眾稱為居士。居士接受佛陀的教義，並以追求幸福和真理為共同的人生目標。在家居士們與出家僧眾一樣擁有共同的道德價值觀，如避免在知或不知的情形下傷害眾生。因此，一名佛教徒在面對困難時，也可以尋求在家居士的幫助和指導。

尋找真理的旅途

如果我們想到一個遙遠又陌生的地方去旅行，就得找一個嚮導。此外，我們還需要知道一條可以到達目的地的路線，或許我們也需要旅伴在旅行的過程中彼此加油打氣。對一名佛教徒來說，朝著得到幸福和證悟真理的目標努力，就像旅人設法抵達某個目的一樣。佛，是嚮導；法，是遵循的指標與路線；而僧，就是旅伴。

佛教徒皈依佛陀就是依止佛陀為嚮導；因為佛陀早已證悟真理，能夠引導人們達到證悟真理的目的。以法為依皈，法好比是道路，道路上有指示方向的路標、渡河的橋樑和登山的階梯，可以讓人們避開沿途的障礙順利抵達目的地。同樣的，佛法裡有各種戒律，能夠

幫助佛教徒約束自己，不造惡業；有修習禪定的方法，能夠幫助個人戰勝紛雜惱人的煩擾。佛法也能夠教導人們斷除無知，證悟真理。佛教徒以僧為依皈，就好像旅人在旅途中有好的伙伴同行，生病的時候，有旅伴照顧；疲乏的時候有人隨時加油打氣，讓人有無畏的勇氣繼續前進。僧團裡的成員就像理想的旅伴，透過勸告和引導，幫助彼此糾正不良的思想和行為，激勵人心繼續向證悟真理的道路邁進。

開啟真理的鎖鑰

佛教徒為了表達自己以三寶為依皈的意願，可以跪在佛像前或跟隨宗教師，一句一句地念誦皈依詞：

自皈依佛　當願眾生　體解大道　發無上心
自皈依法　當願眾生　深入經藏　智慧如海

佛學小辭典

■朝山是佛教徒至遠處名山大寺，向佛菩薩進香以懺除業障或還願的朝禮行為。
此一習俗興於西漢。
據西藏新志卷中載，熱忱禮佛之人，常不遠千里而至拉薩，向達賴宮殿長跪，待達賴出，若得見者即覺榮幸無比，不吝獻巨金；不得見者，則望宮殿禮拜而回。每有變賣家產，兌換金銀縫於衣內，沿途行乞而至西藏者，此稱朝山，又稱朝活佛。
此外，修行者為表求道之虔誠，常以跪拜（三步一拜）方式朝禮聖蹟，故亦稱拜山。

自皈依僧　當願眾生　統理大眾　一切無礙

這是佛教徒正式皈依三寶的儀式。

從佛陀的時代開始,接受三皈依已是佛教徒修行的一部分,接受三皈依不僅是成為佛教徒的一種儀式,也是剃度的一種儀式。

如今,三皈依有兩種主要功能,使人成為佛教徒及提醒佛教徒要遵守自己立下的誓約。三皈依誓文可以在出家眾或上師面前念誦,也可以在佛像前念誦。佛像是皈依場合的具體象徵,把三皈依誓文念誦三次,是強調皈依佛、法、僧三寶的決心。佛教徒每天念誦皈依詞,是要提醒自己:我願意透過三寶的引導和激勵,達到證悟真理的目的。

佛教徒皈依三寶,可以說是尋求真理的開始。希望透過道德的培養和禪定的修習,達到知足、自制、有清醒而冷靜的頭腦和有智慧的立定修行的目標。

皈依三寶的好處很難明確地言明。因為皈依並不能立刻帶來顯性的好處。皈依之後所獲得的心安理得,是由個人在皈依後的所作所為來決定。皈依就像打開修學佛法的大門一樣,能不能帶來什麼,端看個人願不願意走入這道門。一個人如果能用正確的態度皈依三寶,誠心而且持續地修行,那麼,皈依三寶將成為一個人修行生活中最有意義的第一步。如此,皈依三寶所能獲得的好處才會隨之而來。一個皈依三寶的人,或許不能在今生證悟真理,不過,來世將較有可能投身善道,證悟真理的機會可以相對地增加,智慧的啟發也將容易許多。

● 上圖為藥師寶瓶
藥師佛,東方琉璃光世界教主。《藥師琉璃光本願功德經》云:彼佛世尊藥師琉璃光如來。本行菩薩道時。發十二大願。令諸有情所求皆得。

2 理想的生活方式

五戒就是，不殺生、不偷盜、不邪淫、不妄語和不飲酒鬥亂。佛教徒持五戒，可以約束自己避免不良的行為，五戒是佛教徒一種理想的生活方式。佛教徒也可以在特別的日子裡受持八關齋戒，透過持八戒可以體驗出家眾清淨的生活方式。

理想的生活方式

當我們想加入某個社團或某家公司企業，就必須遵守該社團或公司的文化與人事管理規章。同樣的，當一個人皈依佛、法、僧之後

呢，接下來就必須接受佛教的道德規範。對於佛教徒的行為規範，持五戒應是所有佛教徒都需要遵守的基本原則。

五戒的誓文是—— 我為佛子，誓不殺生
　　　　　　　我為佛子，誓不偷盜
　　　　　　　我為佛子，誓不邪淫
　　　　　　　我為佛子，誓不妄語
　　　　　　　我為佛子，誓不飲酒

五戒包含了良好行為的基本綱領。佛教徒可以在佛像前或出家人面前念誦五戒誓文表示持五戒的決心。佛教徒持五戒，用意是在約束自我避免不良的行為產生，同時培養良好的品德。

佛陀曾經向祭師究羅檀頭解釋持五戒的意義。

有一次，究羅檀頭向佛陀請教一個問題。

「一個擁有幸福生活的人，應該用什麼樣的方式祭祀才能表達對神祇的感激？」究羅檀頭恭敬地請問佛陀。

根據印度當時的傳統，一般民眾都以宰殺牲畜祭祀神祇。佛陀認為這種做法是錯誤的。

佛陀向究羅檀頭建議：「為了表示對神祇的感激，人們可以行布施。但是，更理想的方式是持五戒。因為持五戒除了可以表達對神祇的感激之外，還可以為未來的快樂和幸福打好基礎。」

佛教徒持五戒，不但能夠促進個人的修行，同時也能藉此給周圍的人帶來快樂和幸福。五戒是特別為了個人的行為而制訂出來的戒條。如果人人持戒，當可創造出一個圓滿無礙地世界。即使是個人，如果能持五戒或五戒中的任何戒條，都可以帶來現世和來世的安樂。持五戒，可以制止人在行為或言語上造惡業。人們如果能持戒，不殺生、偷盜、邪淫或妄語，也就不會遭受到短命、貧窮、婚變等果報了。

● 《慧遠維摩經疏一》曰：「居士有二：一、廣積資財，居財之士，名為居士。二、在家修道，居家道士，名為居士。」
《嘉祥法華義疏十二》曰：「居士有二種：一、居舍之士，故名居士。二、居財一億，故名居士。」
《法華玄贊十》曰：「守道自恬，寡欲蘊德，名為居士。」
《十誦律六》曰：「居士者，除王、王臣及婆羅門種。餘在家白衣，是名居士。」

尊重生命

不殺生是表示尊重生命。有人告訴佛陀:有一群人正在劇烈的爭吵,幾乎鬧出人命。佛陀便針對此事,提醒弟子們:「眾生都害怕死亡,所以人人都應該避免傷害生命。」

持不殺生戒,並不單指不能殺人,也應該避免殺害其他動物。不殺生的原則是普及一切眾生的。

不殺生是建立在眾生平等和彼此具有相應關係的認知上。眾生都希望生存,害怕死亡。相應關係即表示,人既然不希望被殺,眾生也不願被殺。所以佛陀勸人要常常置身於眾生的處境中,才能避免殺生的念頭。一個人在持不殺生戒時,應該盡可能去保護所有的生命,更應該培養對眾生的慈悲心,希望眾生快樂不再受到傷害。不殺生的積極意義,是尊重生命、保護生命。

另外,佛教徒在飲食方面也表現不殺生的精神,不吃魚和肉類,成為素食者。佛教鼓勵素食的出發點,同樣地是為了尊重生命、愛護生命,而不僅是素食有益健康或肉食不淨等觀念的影響。

不覬覦他人的資產

每個人都有權利保護或捨棄自己所擁有的東西。持不偷盜戒是表示尊重別人擁有財物的權利。

有一次,一名比丘看見地上有一塊布,他以為是別人丟棄的就拾了起來。此時,正好失主來找布,見到比丘手中拿著他掉落的布便指責此比丘偷盜。比丘知道布的失主正是這名指他偷盜的人,便將布還給他。有人就把這件事告訴了佛陀,佛陀說:「一個不隨便拿走他人東西的人,便是一個有品德、有智慧的人。」

●蓮花,為生於沼澤之宿根草本植物,通常於夏季開花,味香色美,生於污泥之中,而開潔淨之花。據入《大乘論卷下》載,十地之菩薩係生於摩醯首羅天王宮,坐於寶蓮華王座而成佛。《觀無量壽經》載,阿彌陀佛及觀音、勢至二菩薩等,皆坐於寶蓮華上;眾生臨終時,彼佛等持蓮臺來迎九品往生之人。又後世佛、菩薩等像,大多安置於蓮華臺上;蓮華亦常作為供養佛、菩薩之具。又據〈梁譯攝大乘論釋卷十五〉記載,蓮花有香、淨、柔軟、可愛等四德,而以之比喻法界真如之常、樂、我、淨四德。

佛學小辭典

■不殺生者,謂不斷一切眾生之命。自不殺生,亦不教人殺生。即是止殺之善。既不殺已,當行放生之善。

持不偷盜戒也包含禁止觸犯搶劫和竊盜等不良行為。此外，它也含概不能濫用公款或別人的錢財。從廣義方面來說，不偷盜也包含不能逃避責任的意義。

正常的人際關係

持不邪淫戒是表示尊重別人和重視人際關係。從前有一個人，時常做出邪淫的事，也因此被捕了好幾次卻仍不知悔改。最後，他的父親在無助的情況下，只好帶他去見佛陀。佛陀對犯邪淫的人說道：「一個人犯了邪淫，不但會給自己也會給別人帶來麻煩和痛苦。邪淫的行為是絕對要避免的。」

持不邪淫戒，能使一個人抑制自己的欲念，忠於自己的終身伴侶，有益於建立幸福美滿的家庭。這樣婚姻破裂的悲劇將減少很多，因為造成夫妻不和的主要原因已經不存在了。

● 四大天王，為帝釋之外將。須彌山之半腹有一山，名由犍陀羅。山有四頭，四王各居之，各護一天下，因之稱為護世四天王。其所居云四王天，是六欲天之第一，天處之最初也，稱為四天王天。東持國天，南增長天，西廣目天，北多聞天。《長阿含經》曰：「東方天王，名多羅吒，領乾闥婆及毘舍闍神將，護弗婆提人。南方天王名毘琉璃，領鳩槃茶及薜荔神，護閻浮提人。西方天王名毘留博叉，領一切諸龍及富單那，護瞿耶尼人。北方天王名毘沙門，領夜叉羅剎將，護鬱單越人。」婆沙論謂四天王身長一拘盧舍四分之一。止持會集音義四工天口：「東方持國天王，謂能護持國土，故居須彌山黃金埵。南方增長天王，謂能令他善根增長，故居須彌山琉璃埵。西方廣目天王，謂以淨天眼常觀擁護此閻浮提，故居須彌山白銀埵。北方多聞天王，謂福德之名聞四方，故居須彌山水晶埵。」

尊重真理

持不妄語戒，是表示尊重真理。不管是出於開玩笑或蓄意的撒謊，都不能帶來任何好處。在佛陀的時代，有一些異教的苦行僧看到越來越多人加入僧團，由於妒忌，便想破壞佛陀的名譽，他們買通一名少女，叫她裝扮成孕婦，在佛陀說法的時候，到會場去誣蔑佛陀並要佛陀對她負責。當少女的謊言被揭穿時，在眾人面前她羞愧得無地自容。事後，佛陀對弟子們說：「愛撒謊的人，什麼壞事都做得出來。」

佛教徒持不妄語戒，就是要避免說謊話或只作部分真實的陳述，即不掩蓋實情或誇大事實，進而培養誠實的美德。一旦人們都尊重真理，就能減少人與人之間的糾紛和誤解。那麼社會就會更安寧、更有秩序了。不妄語不僅是避免說虛妄不實在的話，也禁止人們說誇大的話或唆使他人撒謊。更深一層的意義，還包含禁止自欺。因為人一旦養成自欺的惡習，就難以證悟真理得到快樂了。

失去理智使人愚昧

持不飲酒戒是表示重視精神的健康，它能防止一個人失去理智。一天，當佛陀在宣講佛法的時候，一個醉漢來到了會場。他在昏亂而不能自制的情況下，騷擾了前來聆聽

佛法的信眾。於是，佛陀就當場指出飲酒的種種害處。

酗酒是今日嚴重的社會問題之一，酒能使人思想遲鈍、神志昏亂。在酒精的作用下，一個人可能做出許多粗心、危險，甚至不道德的事。如酒後駕車就是十分危險害人害己的行為，因為這是造成交通意外的主要原因。交通意外所造成的傷亡，會使受害者和他們的家人遭受到深沉的痛苦。

除了不飲酒外，現代社會更應該包括禁止吸食毒品，因為吸食、販賣

佛學小辭典

■娑婆又作沙訶，堪忍的意思，譯作忍土。因此界眾生，甚能堪忍故名。另外娑婆又作雜惡雜會，謂三惡五趣雜會也。娑婆為三千大千世界總名，是一佛攝化之境土也。

毒品為個人與社會所帶來的身心靈傷害，將造成國家成本無法估算的負擔。

持不飲酒戒，對修習禪定的人來說尤為重要：因為不飲酒更容易培養警覺心和注意力，並且保持頭腦的清醒。持不飲酒戒，不只能為家庭帶來快樂，為社會帶來安寧，也能促進禪定的修習。

在家眾可能會發現，要長期而徹底的持五戒，是一件很困難的事。不過，也不應該因此而感到氣餒，因為只要

●禪宗衣缽相傳西土東來共有六世，即初祖達磨，二祖慧可，三祖僧璨，四祖道信，五祖弘忍，六祖慧能。

能夠成功地修持其中的一兩個戒，就已經為自己的現在以及未來的幸福打下基礎了。在家眾可以每天念誦五戒誓文，提醒自己。五戒代表一種理想的生活方式，應該努力的持續的去實現這個理想，讓內心感到平和生活也能過的安樂。

可以再進步一點

在家眾通常是在初一、十五日持八戒。所謂八戒，就是除了上述的五戒外，再加上過午不食、不觀賞歌舞音樂或戲劇表演；也不戴首飾、搽香水和化妝、不坐臥華麗寬廣的大床。

在家弟子持八戒，可回溯到佛陀時代。在佛陀對毗舍佉的一次說法中，曾對她提及在特定日子裡持八戒的好處。持八戒不但可使人體驗僧眾清淨無染的生活，使人有機會靜下心來思考佛陀的教義，為未來做好準備。

持第六戒，是指在中午以前吃過飯後，就不再進食任何東西。持此戒，可以把準備食物的時間節省下來，用在修習禪定上。持第七戒時，在家眾不觀賞歌舞、音樂和戲劇表演，也就不被這些感官的享受所迷惑，更不會萌生不良的念頭。不戴首飾、不搽香水和不化妝，可以使人瞭解美並不是永恆的，也可以讓人不因外表的出眾而產生驕傲的心理。持第八戒，不坐臥華麗寬廣大床，能夠使人體驗純樸少欲的生活。

一般在家眾持八戒是完全出於自願的。透過持八戒可以體驗出家眾有紀律的生活方式。不過，對在家眾而言持後三戒很不容易，因為這三條戒律都需要有非常堅固的毅力，並且要放棄日常生活中的物質享受。但也因為在遠離了物質享受的干擾以後，才能比較客觀地瞭解生命的本質。

佛學小辭典

■觀想，即集中心念於某一對象，以對治貪欲等妄念。或為進入正觀而修之一種方便觀。密教於初發菩提心之行者，亦履設種種方便觀想，如觀諸尊形像、三摩耶形等，藉此觀想而去除妄念，信念倍增，進而以有相入無相，泯除一切能所差別之見，體證萬法平等，而與本尊相應。

《觀無量壽經》云：名見無量壽佛極樂世界，是為普觀想。

《安像三昧儀軌經》云：一心觀想如來一切圓滿之相。

3 四無量心是眾生福澤

眾生是互相依賴而存在的，個人的快樂必須建築在群體的快樂上。佛陀所闡述的四無量心——慈、悲、喜、捨，可以克制瞋恨、殘忍、妒忌和貪欲。透過禪定的修習，四無量心可以擴展到一切眾生身上；培養四無量心，可以使人們在今生和來世獲得無上喜悅。

慈悲喜捨　四無量心

每個人都希望得到快樂，不過，要得到快樂，就不能與外界隔絕。個人的快樂是建築在群體的快樂上，而群體的快樂也來自個人的快樂；眾生

是互相依賴而存在的。一個人要得到快樂，就必需培養良好的態度對待他人及一切眾生。

培養良好的態度，最好的方法是修習禪定。在佛陀所教導的許多禪定修習法中，有四種是與培養慈心、悲心、喜心和捨心有關的。慈、悲、喜、捨被稱為四無量心。四無量心之所以被稱為無量，一來是因為對象是無量的眾生，另一方面則是修習四無量心可以帶來無量的福報。所以，四無量心也稱為四梵住，因為四無量心就像是梵天的心懷一樣。

培養慈心、悲心、喜心和捨心可以逐漸消除貪欲、瞋恨以及由無知所產生的自私心理，使自己和他人在現在與未來都能得到喜悅。如此一來至少能投身到人天善道。

修習四無量心得到世俗的快樂，對佛教徒來說並不是修行的最終目標。雖然如此，四無量心依然是佛教徒重要的修行法之一。基於佛教自利利他的原則，一個人應該培養四無量心使自己獲得快樂，也使他人獲得快樂。在這個互相依存的社會，人人都希望幸福快樂。我們不但要使自己得到快樂，也應該使他人得到快樂。

● 禪坐，謂之結跏趺坐，為修禪人之坐法。《智度論七》曰：「諸坐法中，結跏趺坐最安穩不疲極，此是坐禪人坐法此是禪坐取道法坐，魔王見之其心恐怖。」

斷除瞋恨的慈心

慈心居四無量心之首，慈心是一種希望眾生都得到快樂的心懷，它能斷除瞋恨。就像母親對孩子所付出的一樣。世間天下的母親都是一樣的，希望自己的孩子擁有健康的身體、能廣結善友遠離惡友、擁有聰明才智、功成名就、生活幸福美滿。這是一個當母親的希望。如果一個人可以用相同的態度去對待朋友、同學、社會或族群裡的任何人，就是慈心的表現。

慈心是對治瞋恨心的。修習慈心有兩個障礙，一個是瞋恨心，另一個是執著。一個人修習慈心時，為了避免執著的產生，不應該以異性作為觀想的對象。

● 佛塔，如來之塔婆。形高而尖的建築物，由五級到十幾級不等，藏佛遺骨的叫做塔，不藏遺骨的則叫做支提。

● 禪悅食，是以禪法資養心神，
而得禪定之樂，即得增長善
根，資益慧命。宛若世間之
食，能養諸根支持其命；是名
禪悅食。

慈心也可以說是一種希望眾生都能得到快樂、都能造善業的心懷。獲得快樂和造善業彼此是有關聯的。一個人若造了善業，便可以獲得心靈的喜樂，這是合乎因果道理的。在修習慈心時，瞭解善業和快樂的因果關係便顯得很重要了。

培養慈心，不應該將它侷限在個人的小圈子裡，而是應該將它逐步擴展到認識不深或者陌生的人，甚至擴展到六道裡的一切眾生身上。這樣才能把一般的慈心延展成無量心。

解除眾生的痛苦

四無量心中的第二項是悲心，悲心是一種希望能夠解除一切眾生痛苦的心懷。悲心是修習慈心的延續，它能轉化殘忍。人們可以從周圍的環境裡發現許多悲心的例子，最常見的仍是為人父母者，見到孩子病重，會殷切期盼孩子能早日康復。同樣的看到親人、同學或自己的寵物遭受痛苦時，也會生起悲心。但是這種悲心，也只是基本的悲心而非無量心。要使悲心轉化成無量心，就必須將其擴展到六道一切眾生身上。

與修習慈心一樣，修習悲心也有它的障礙。這個障礙是─傷感或優越感。一個人在修習悲心時，為了方便，以不幸的人作為觀想的對象，但以不幸的人作為觀想對象，可能使人產生傷感或優越感。六

道眾生包括天神都是修習悲心的對象。修習悲心可以和業力的法則相配合。一個人造善業，就可以得到快樂；造惡業，就會得到痛苦。因此，修習悲心不但是希望一切眾生解脫痛苦，更

希望一切眾生能斷除苦因——不再造惡業。

樂於讚嘆的胸懷

喜心是四無量心中的第三項，它是讚賞一切眾生的快樂
與善行的胸懷。它能轉化妒忌和自私等心理。喜心的定
義是，見別人為善、快樂或成功時，自己也感到快樂，
並且時常勸發廣行福祉。修習喜心有一個障礙，就是私
心。我們常常會遇到一些狀況，當你周遭的朋友有好運
氣，你替他高興的同時也想得到一點好處，這種心不算
是喜心，而是私心。一個修習喜心的人要時時警惕自
己，分清楚喜心和私心的不同。

人可以在日常生活中體驗到喜心，為人子女的事業順
遂、生活幸福；朋友高升或娶到美嬌娘；自己關心的人
受到讚賞，這些只對所愛的人表現出來的喜心，只是普通的喜心而
已。同樣的若將喜心擴展到一切眾生身上，才可算是無量心。當見
到有人造善業（如力行十善）的時候，我們所產生的歡喜心，就是
喜心的表現。

怨親平等的對待

捨心是一種不考慮親疏貴賤關係，而平等對待一切眾生的胸懷。它
能夠克制貪欲和瞋恨。

捨心是最高層次的無量心。一個人修習慈、悲、喜三種無量心時，
在禪定時可以達到色界的初禪天、二禪天和三禪天。修習捨心，在
禪定時可以到達四禪天。

與前面所提的三種無量心一樣，修習捨心也有它的障礙，那就是對
人或事物抱著冷漠的態度。為了排除這個障礙，一個人在修習捨心
之前，先要修習慈心、悲心和喜心。

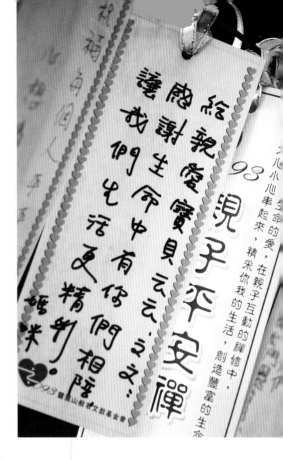

佛學小辭典

■怨親平等亦作冤親平等，是
以大慈悲為本，對於怨敵，
心無憎恨；對於所愛，亦無
執著，而以平等、愛憐之心
接待眾人。怨者害我者也，
親者愛我者也。
《大集經二十六》曰：「於
怨親中平等無二。」
《焰羅王供行法次第》曰：
「供師運一念，離自他之
異，故曰無遮心，絕怨親之
念號平等。」
《智度論二十》曰：「慈心
轉廣，怨親同等。」

在日常的生活中最能體驗到捨心的是，小孩的獨立自主，自立門戶。現今小家庭是社會的主流，當兒女長大了，成了家立了業，開始要負起自己的責任過獨立生活時，身為長輩同樣地以慈心、悲心和喜心來面對，更要有捨心不執著於舊有的生活模式，才能讓三個家庭在分枝散葉的同時充滿喜悅。

要把普通的捨心轉變成無量心，就得把捨心擴展到一切眾生身上。要做到這一點，首先必須瞭解，自己和親人、朋友，甚至仇人的關係，都是過去的業力所造成的。這一世的親人和朋友，可能是過去世的仇人，也可能在來世變成仇人。這一世的仇人，可能是過去世的親人和朋友，也可能在未來世變成親人和朋友。生命在輪迴、在因緣變化時，一個人不應該對親人和朋友存有執著的心理，而對仇人冷淡或產生瞋恨的心。但是要做到怨親平等是很不容易的，所以捨心被認為是最崇高的一種無量心。

要先愛自己　才能學會愛別人

修習四無量心有各種不同的方法。各種方法都能使人有層次地把慈心、悲心、喜心和捨心擴展到一切眾生。修習四無量心，要從最容易的對象開始著手。

培養慈心時，必須從愛自己開始。快樂的心情需要培養，希望自己的人生充滿喜悅，就要努力讓自己快樂起來。然後再將慈心擴展到親人與朋友圈，依照難易的程度，將慈心擴展到陌生人甚至仇人身上。做到了這一點之後可以更上一層樓，將慈心擴展到社會、國家、全世界裡的每一個人，當然最終目標是要能擴展到六道裡的所有眾生。

一個人在培養悲心時，可以從某一個令自己同情的人開始。只要對人有了悲心，就可以逐步地把悲心擴展到親人、朋友、陌生人、仇人以及一切眾生身上。同樣的，在培養喜心時，也可以從某一個我們願意衷心祝福的朋友開始，將喜心擴展到陌生人、仇人與一切眾

佛學小辭典

■**慈無量心** 愛念眾生，常求樂事以饒益之。
悲無量心 愍念眾生，受五道中種種身苦。
喜無量心 欲念眾生，從樂得歡喜。
捨無量心 捨三種心，但念眾生，不憎不愛。
由善修此四無量定成就，命終得為四禪天王。

生。不過，培養捨心時，最好是從陌生人開始，因為陌生人不會使人產生執著或厭惡的感情。對陌生人有了捨心之後，將捨心擴展到親人、朋友、仇人和一切眾生身上。

依據經典的記載，修習四無量心可以獲得十一種利益，睡得好；睡醒時心情愉快；沒有惡夢；被大家所喜愛；為非人所喜愛；（非人是指人以外的天、龍、鬼、神等眾生。）為天神所護佑；不會被大火、毒藥、刀劍所傷害；心神容易專注；容貌娟秀；臨終時頭腦清醒；來世會上升色界天。

修習四無量心，能夠培養正確的生活態度，對改善個人的生活與人際的關係是有絕對幫助的。一個人越不受貪欲、瞋恨和自私心理的束縛，在個人生活與人交往中所獲得的快樂就會越多。在家庭裡、學校裡，甚至遊樂中都能感受到一種和諧的氣氛。四無量心可以使一個人建立起良好的人際關係，而且，修習四無量心的善業也將使人往趣善道。

4 傳承諸佛法 利益一切衆

佛陀時代，僧團已經成立，出家眾遵守《波羅提木義》裡的戒條，過著簡樸但有保障的生活，教育是僧團裡重要的一環，出家人的主要任務是讓佛法廣佈流傳，此外，出家人還需指導在家眾修行，並提供各種社會服務。

僧伽

佛陀在波羅奈附近的鹿野苑向五名苦行僧說法之後，僧團就成立了。剛開始佛陀親自為弟子剃度；後來，要求加入僧團的人越來越

多，佛陀便授權比丘替各自的弟子剃度。這樣一來，僧團的人數便迅速地增加。僧團中包括了比丘和比丘尼。佛陀的姨母波闍波提是僧團裡的第一位比丘尼。

最初，僧團裡的比丘和比丘尼遵照佛陀的指示，各自弘揚佛法，除了雨季結夏安居，因為在雨季裡遠行十分不便。雨季時，比丘、比丘尼們停止游化，群聚在一起精進辦道，夏安居的時間，通常從陽曆的六、七月之間的月圓日開始，一連三個月。

佛陀不斷地鼓勵弟子，到不同的地方弘揚佛法度化眾生。在早期的經典如《經集》與《法句經》中都有這方面的記載。早期的出家眾多數是獨居的，他們靠乞食為生、穿著糞掃衣（由破布縫製成的衣服）、居住在樹下。

在雨季安居期，比丘、比丘尼多半居住在離市集不遠的地方以方便乞食。不過，也不能離市集太近，否則會影響修行。

雨季安居的地方有兩種，一種稱為住處，由出家眾搭建，是一種臨時性的建築物，一過雨季隨即拆除。另一類稱為園，通常由在家眾捐獻。園，通常是永久性的居處，後來發展成佛教的寺院。王舍城的竹林精舍、舍衛城的祇園精舍和鹿母講堂都是由園擴展而來。王舍城外

● 僧又名良福田者《報恩經》云：眾僧者，出三界之福田，謂比丘具有戒體，戒為萬善之根。是故世人歸信，供養種福，如沃壤之田，能生嘉苗，故號良福田。

《大論》云是僧四種：一有羞僧，持戒不破，身口清淨，能別好醜，未得道；二無羞僧，破戒，身口不淨，無惡不作；三啞羊僧，雖不破戒，根鈍無慧，不別好醜，不知輕重，不知有罪無罪。若有僧事，二人共諍，不能斷決，默然無言，如白羊人殺，不能作聲；四實僧，若學無學，住四果中，行四向道，是名實僧。

唐太宗嘗問玄奘三藏：欲樹功德，何最饒益？法師對曰：眾生寢惑，非慧莫啟；慧芽抽植，法為其資；弘法由人，即度僧為最。

● 出家，出恩愛之家，入菩提之
道也。亦為出離在家生活，修
沙門淨行。〈心地觀經四〉
曰：「發菩提心，捨離父母，
出家入道。」
《遺教經》曰：「出家入道之
人，為解脫故，自降其身而行
乞。」
〈維摩經方便品〉「維摩詰言：
然汝等便發阿耨多羅三藐三菩
提心是即出家。」出家入道本
為同一人之事，後世分為二
者，入寺為僧曰出家，在家剃
頭著衣者曰入道。

的竹林精舍，是頻婆娑羅王供養佛陀宣揚佛法的居所，這使得出家眾有
了固定的住所，並提供了出家眾聚在一起討論佛法、指導剛出家沙彌、
沙彌尼修行上的方便居處。此外，這樣的永久居處也方便出家人擁有更
多的機會接觸在家眾向在家眾傳播佛法。

出家眾有了固定的居處，因此形成了僧團。經典中曾提到，在舍衛
城和毗舍離都有出家僧團的存在，這些僧團後來形成不同的部派。
至於雨季安居的地方後來則變成永久的居處，稱為精舍。

出家眾固定的住所，後來發展成設備齊全的寺院。寺院裡有會堂、
儲藏室、廚房、盥洗室，還有出家眾各自的寮房。這類龐大的寺院
是需要一批人來管理的，這批人的工作還包括分配食物和袈裟給所
有出家眾。這類寺院在佛陀入滅以後的數百年間已經十分普遍。當
佛教傳入亞洲各國時寺院生活仍然是佛教的一個重要部分。

僧團的紀律

僧團的戒條，最初是佛陀親自訂下來的。這些用以約束出家眾生活的戒條，後來都被收錄在《律藏》裡。佛教聖典可分為三部分即《經》《律》《論》。《律藏》所記載的就是關於寺院生活的戒律。此外，出家眾也有一本記載戒條的書，名叫《波羅提木義》又譯為《戒經》它分為兩部分，一是《比丘戒本》另一是《比丘尼戒本》兩本戒本裡都列舉了出家眾平日所應該遵守的戒條，以及出家眾可能犯上的各種過錯和應受的懲戒。每個月的新月日和月圓日出家眾都要集合在一起背誦《波羅提木義》裡的戒條。這種做法，是提醒出家眾要牢記這些戒條，也讓僧眾有機會在其他出家眾面前懺悔。

出家眾需要遵守的戒律超過二百條，不過前四條戒律是最重要的也是絕對要避免犯上的，那就是─邪淫、偷盜、殺人、妄說自己已證道。出家眾只要犯了上述任何一種過錯就會被逐出僧團。

此外，有些戒條是指導出家眾彼此和睦相處；有的指導出家眾如何與在家眾相處；還有一些是指導出家眾如何分配與使用基本的生活所需，如房間、食物、衣服和藥品等。這些戒條都是約束出家眾使出家人不去傷害別人；能夠自制、淨化內心，從而創造修學佛法的良好條件與環境。

寺院生活與教育

一個人如果想要出家為僧（尼）就必須接受剃度，先成為一名沙彌。為了表示放棄世俗的生活，必須剃光頭髮、脫去俗服、披上袈裟。主持剃度儀式的剃度師必須是一名上座比丘，通常也是寺院的

佛學小辭典

■阿闍梨，華譯為教授，或軌範正行或悅眾。即是矯正弟子們行為的比丘。四分律五種阿闍梨，即出家、受戒、教授、受經、依止等。

《玄應音義十五》云：阿闍梨，經中或作阿祇利，皆訛也。應言阿遮利夜，此云正行，又言阿遮梨耶，此云軌範。舊云，於善法中，教授令知，名阿闍梨也。

《南海歸傳三》云：阿遮利耶，譯為軌範師，是能教弟子法式之義，先云阿闍梨，訛也，案阿闍梨又譯悅眾。

● 戒者，防禁身心之過者。〈大
乘義章一〉曰：「言尸羅者，
此名清涼，亦名為戒。三業炎
火，焚燒行人。事等如燒，戒
能防息，故名清涼。清涼之
名，正翻彼也。以能防禁，故
名為戒。」〈瓔珞本業經下〉
曰：「一切眾生，初入三寶
海，以信為本。住在佛家，以
戒為本。」

住持。沙彌出家，需有二師，一是剃度師（戒和尚）另一個阿闍梨
（教授師）。雖然剃度師的地位比較高，但是實際對沙彌、沙彌尼負
責任的卻是阿闍梨。在沙彌、沙彌尼受訓完畢以後，才能受三壇大
戒，成為具格的比丘、比丘尼。

出家眾由寺院提供衣服、食物、住所和醫藥的照顧，生活檢樸卻有
保障。出家眾把時間分配在各項活動上，進行個人或小組的學習；
執行日常的灑掃工作；修習禪定；參與團體的宗教儀式，在每月布
薩日誦戒；為在家眾主持宗教儀式。這些活動時間的長短，是根據佛制儀軌與出家眾個別的能力和意願，或依照寺院的性質而定。

出家眾雖然受到戒律的約束並捨棄物質的享受，但是他們卻保有發表意見的自由。從僧團的歷史看來，僧團體現了高度的民主精神，譬如僧團裡重要的決策，通常是在所有的成員都提出各自的意見之後才能作出決定。

佛教寺院興起之前，古代印度的教育方式為家庭式的，由一群學生居住在導師家裡，跟隨導師學習，它的缺點是教育不能普及。佛教的教育方式則是寺院式的。寺院可以容納更多的學生和採用集體教法來教學，這種教育方式後來發展成寺院的教育制度。

在佛教寺院中，教育是通過口授和記憶來進行的。這種方式可以

同時照顧到識字的比丘、比丘尼和不識字的比丘、比丘尼。到了公元前一世紀，把長篇經文紀錄下來就是一件很普遍的事了。讀和寫，也成了出家眾教育的一部分。

佛教寺院的教育，最初只限於學習佛教的基本教義、戒律和有關佛陀過去諸世的事跡等等。漸漸地，佛教寺院教育的內容變得廣泛了。在印度的一些佛教寺院大學裡，學生不只學習佛學也學習其他非佛學的科目如哲學、文法、作文、邏輯學、數學、醫學，甚至藝術。

那爛陀寺是古印度摩竭陀國王舍城的著名寺院，六至七世紀中葉是它最盛時期。當時的佛教大學，除了那爛陀寺之外，還有歐丹多富梨寺、伐臘毗寺、超戒寺、加克陀羅寺等。在那爛陀寺學法的傑出人物有玄奘和端美三菩提（亦稱吞米桑布扎，他創造了藏文）。

在教育還不被國家重視的時代，佛教寺院大學扮演了教育民眾的重要角色。當佛教傳播到亞洲其他國家以後，佛教寺院大學也在中國、西藏和東南亞的佛教國家裡建立起來。有一些寺院大學直到本世紀仍然存在著。

● 在家之人，起淨信心，受佛禁戒，不殺、不盜、不邪婬、不妄語、不飲酒，持此五戒，一無毀犯，是名戒具足。

僧團所扮演的社會角色

出家眾的主要任務是學習和實踐佛法，使佛法廣佈、流傳。佛陀曾經指出：「佛法的流傳，有賴於僧團的存在；因為出家眾能夠奉獻出他們所有的時間和精力，來進行這項工作。」除了這項工作以外，出家眾也能夠運用他們的學識和智慧造福社會。

出家眾雖然捨棄了世俗的生活，但他們在社會福利方面仍然有著重要的貢獻。由於出家人不執著於世俗的苦與樂、得與失，比較客觀也比較有遠見，因此，他們能夠指導在家眾如何去修行，也能經由勸說來幫助在家眾解決困難。此外，出家人也幫助在家眾去面對人生的痛苦和不幸，特別是病危和死亡。為了滿足在家眾的需要，有些出家眾也做超度和祈福消災的法事。

僧團還提供了各種社會服務。譬如，在教育方面，僧團扮演著重要的角色，即使是今日，佛教學校也和政府學校一樣，負起教育下一代的責任。此外，也有僧團設立醫院、孤兒院、安老院和其他社會福利機構等等。總之，僧團對社會福利工作的推行一向是不遺餘力的。

出家眾的主要任務是弘揚和保存佛法，而在家眾的主要任務是護持佛法。有時候，在家眾也參與弘揚佛法的工作。北傳佛教一向鼓勵在家眾從事弘揚佛法的工作。有些經典如《維摩詰經》更是讚嘆在家菩薩所具有的智慧，禪宗和密宗也都有在家的導師。

●寺者，僧園之總名，院者，寺內之別舍，總稱曰寺院。在印度以祇園精舍為尹矢，在支那以白馬寺為濫觴。

● 君子之道，辟如行遠必自邇，辟如登高必自卑。—《中庸》

第三篇

踏上修行的台階

羅漢斷十結
菩薩念眾生
福與慧雙修方能成佛道

1　羅漢斷十結

欲證阿羅漢果，可以透過嚴格地持五戒和行十善，淨化身、口、意；經由修習正念和正定的方法，控制心念；經由瞭解事物的三種特性，培養智慧。一個人修行阿羅漢道的進展，端看他斷除十結的圓滿程度而定；聽聞佛說四聖諦法之音聲而悟道的人，我們稱之為聲聞；於無佛之世靠自己覺悟緣起、了脫生死的人，我們稱為獨覺；阿羅漢有三層意義：殺賊、無生、應供。

羅漢斷十結

在佛陀的年代，有許多佛弟子成就阿羅漢果，最初的五比丘、後來

的舍利弗、目犍連、淨飯王等皆是。阿羅漢是指一個完全斷除了貪、瞋、痴的聖者。已經從生死輪迴的痛苦中解脫證入涅槃。過了此世，便不再輪迴生死。

由於嚴格地持五戒與行十善，阿羅漢淨化了身、口、意三業。因為不殺生、不偷盜、不邪淫所以阿羅漢的行為清淨；因為不撒謊，不搬弄是非、不咒罵、不講輕浮的話所以言語清淨；因為沒有貪欲、瞋恨和邪見所以心念純淨。

阿羅漢的修行是漸進的，而且有明確的階段性。修行的過程雖然是漸進的，但是證阿羅漢果卻是快速的。這或許可以用水結冰的例子來說明，在零度時，水結成冰是快速的，然而在結冰前水的溫度卻須慢慢降低。五比丘或是計摩他們能夠快速地證得阿羅漢果，是因為他們在累世已經儲備了良好的修行，做為這一世修行的基礎。

阿羅漢有三層意思——殺賊、無生、應供。

殺賊，是殺掉煩惱賊。阿羅漢因地修行時斷滅眼、耳、鼻、舌、身、意五陰中的受與想的煩惱。就是把見惑的煩惱與思惑的煩惱斷得乾乾淨淨，得到了真正的智慧，斷分段生死的境界。阿羅漢斷了子縛，卻未斷果縛還未知當體即空，只知我空不知法空。所以阿羅漢還需精進努力加倍用功證得無餘涅槃。

無生，則是指阿羅漢斷了煩惱，已跳出三界生死輪迴之苦。成就阿羅漢果必需經過三個階段，須陀洹、斯陀含、阿那含。

須陀洹為初果聖人。還必須天上、人間七次往返受生。斯陀含為二果聖人。一生天上，一來人間。阿那含為三果聖人，不來欲界受生。所以只有阿羅漢果才是真正的無生。

應供，就是應當受到人間、天上的供養。阿羅漢證得了道果是堪受人天的敬仰、供養並受禮拜，為廣大芸芸眾生作大福田。現今佛教寺院若有信眾舉辦齋僧大會，有一位賓頭盧頗羅墮尊者即會化身前來接受供養，令布施的施主得大福報。這位賓頭盧頗羅墮尊者是奉

● 梵語阿羅漢，華言無學。謂阿羅漢諸漏已盡，梵行其足，出現世間，開示四諦，令諸眾生脫離生死，皆得無量義利安樂，是為眾生之師範也。

四諦者，即是苦諦、集諦、滅諦、道諦。

佛陀之命不准涅槃留在人間為眾生植福田。為什麼佛陀會下了這樣
的一道指令呢？一來佛陀悲憫娑婆世界的眾生福薄、德薄，二來是
因為這位賓頭盧頗羅墮尊者被佛陀處罰。為什麼尊者會被佛處罰？
原來有一回尊者正在縫自己的破袈裟，此時卻傳來佛要說法，一聽
佛要說法尊者二話不說，運起神通火速趕往說法地點，就怕稍有延
遲漏聽了一字半語。尊者風馳電掣地趕到佛的面前，向佛禮拜，佛
說：「賓頭盧頗羅墮，看你身後。」尊者回頭一看，一根線拖著一
根針在他身後處隨風飛颺。但因尊者運用神通身形變得巨大無比，
身上的縫衣針何止萬斤之重，所以尊者所過之處有情、無情眾生皆

受到無情的破壞。尊者的無
心之過綿延何止千里萬里。
尊者跪於佛前充滿懺悔的說
道：「佛陀慈悲！」佛說：
「自今爾後，你留在人間，不
准涅槃，為眾生廣植福田。」
另外，佛陀在世時有名弟子
阿耨樓陀，未證果前曾是一
個農夫。有一天農夫正要吃
午飯，田間來了位辟支佛，
隨緣化現成一貧僧。見田中
的農夫正要食飯，辟支佛即
前往乞食。農夫見到貧僧即
問：「尊者，您今天化緣好
嗎？」貧僧：「我今天已經
化了七家了，但依然沒有任
何可進之食。」農夫聽見出
家師父要挨餓了，連忙把手
中的粗飯雙手奉上：「尊
者，您若不嫌棄這飯，就請

您接受供養吧！」貧僧在接受了供養之後即說出佛陀教育的祝願偈文：「所謂布施者，必獲其利益，若為樂故施，後必得安樂。」說完祝願文貧僧就離開了田間。農夫忍著轆轆飢腸回到家中，家中的妻子一看到他即說：「你背上負的是什麼東西啊？」農夫：「沒啥啊。」只見妻子要他背轉過身，從他背上捧起一隻金兔子，夫妻倆當真是喜出望外。自此之後農夫的家庭生活是一日比一日幸福。轉生之後的農夫就是無貪尊者，在九十一劫中生生世世不受貧窮的果報，這就是在現世供養一位辟支佛所得到的果報。

聲聞與獨覺

羅漢又分為聲聞與獨覺，聲聞是指聽佛說四諦法之音聲而悟道的

佛陀小辭典

阿羅漢道可以劃分為四個階段，它們與十結的關係是這樣的：

階段			十結 / 一十種束縛	
第一階段	預流	斷除第1、2和3結。	1. 我見	相信一個永恆的自我
			2. 疑	懷疑三寶能夠使人獲得解脫。
			3. 戒禁取	相信遵守不合佛法的法律和宗教儀式，就能使人獲得真理。
第二階段	一來	斷除前三結、削弱第4、第5結。	4. 貪慾。	
第三階段	不還		5. 瞋恨。	
第四階段	阿羅漢	完全斷除十結。	6. 色念	對象界的貪求。
			7. 無色貪	對無色界的貪求。
			8. 慢	傲慢。
			9. 掉舉	心念不定。
			10.無知	不明白事物的真相。

人：獨覺又稱緣覺或辟支佛，是在無佛之世靠自己覺悟緣起而了脫生死的人，也就是說見思煩惱都斷盡了，三界之內再也沒有需要學習的阿羅漢。

另外我們時常聽聞到的十六羅漢傳說是佛陀入滅後，受佛囑咐常住世間護持佛法的十六大弟子。十六羅漢遠從久遠的五世紀後期，即受到佛教徒廣泛的供養與禮拜，羅漢的形象更成為佛教藝術裡普遍且重要的創作素材。唐朝末期直到宋朝初期，後人添加了降龍與伏虎兩名尊者，羅漢逐由十六尊發展成為十八羅漢並廣佈於中國大陸、西藏與台灣等華人地區。

在諸多佛教神像中十八羅漢的造型皆別具風格，每一尊羅漢的神情自然，或坐、或立、或伸腰、跨足…舉手投足間顯現出的是——自在。

佛學小辭典

子縛	見思煩惱繫縛身心，使人不自在稱為子縛；果縛則是為生死苦果所縛而無法解脫。阿羅漢雖己斷煩惱但未入滅，只有入無餘涅槃才能連果縛也斷。
劫	為梵語，為劫簸的簡稱，有時翻譯為時分或大時，簡單來說就是以年、月、日所不能計算的極長時間。佛經上所云的劫則分為大、中、小三等。
小劫	若依地球的人壽計算，人類從八萬四千歲長壽，每一百年減少一歲，減至人類的壽命僅有十歲時，稱為減劫；再從十歲，每一百年增加一歲，增加到人壽八萬四千歲，稱為增劫。如此一減一增的時間過程，為一小劫。
中劫	經過二十個小劫，稱為一個中劫。地球共分成、住、壞、空四大階段，每一階段的時間過程，均為二十個小劫，在這四大階段中，唯有「住」的階段，可以供人類生存。初「成」的階段是由氣體而液體。再由液體而凝固，所以不堪人類的生活。到了「壞」的階段，正在劇烈的破壞之中，也不適合人類的生存；據說是經過四十九次大火災，七次大水災，一次大風災之後，地球便會消失。壞劫終了，「空」劫開始，在空無一物中再經過二十小劫，另一新的地球便又逐漸形成，進入另一期「成」的階段。佛教把這成、住、壞、空的四大階段，稱為四個中劫，分別稱為成劫、住劫、壞劫、空劫。
大劫	經過成、住、壞、空的四個中劫，便是一個大劫；換句話說，地球世界的一生一滅，便是一個大劫。然而，壞劫中的每一次大火災，可從無間地獄，一直燒到色界的初禪天；每一次大水災，可從無間地獄，一直淹到色界的二禪天；最後一次大風災，可從無間地獄一直吹到色界的三禪天。也就是說，每一次大劫的範圍，除了色界的第四禪天及無色界的四空天，三界之內一切萬物都是在劫難逃。不過，不用悲哀，當壞劫來臨，此界的眾生，或者已轉生他界，或者已直升第四禪天，不會有一個眾生沒有安身之處。
十八羅漢	分別是彌勒尊者、達摩祖師、志公禪師、降龍尊者、目蓮尊者、飛杖尊者、開心尊者、進花尊者、梁武帝君、獅子尊者、長眉祖師、伏虎尊者、洗耳尊者、弄鈸尊者、戲笠尊者、進燈尊者、進果尊者、進香尊者

●觀世音菩薩，有施無畏者之別號，放略云觀音無畏。〈法華經普門品〉曰：是觀世音菩薩摩訶薩，於怖畏急難之中，能施無畏，是故此娑婆世界，皆號之為施無畏者。

2 菩薩念眾生

菩薩是指為了覺悟一切的眾生而決心成佛者。菩薩修行的過程為——發菩提心、發願、修習六度以及圓成佛果。一個人有了慈悲心,就能發菩提心,成為菩薩。

需發菩提心

佛教徒修行的最終目的,是斷除痛苦,獲得真正的快樂。一個具有慈悲心的人不只是為了自己,同時也是為了一切眾生而修行,有了這種心念就是發了菩提心,走在成佛的路上。

釋迦牟尼佛多劫過去生中,有一世是名商人,這名商人的母親雙眼

失明，全靠商人一個人照顧。有一天商人必須到外地去經商，但又不願意讓母親孤伶伶地留在家裡，所以他帶著母親一起到外地去。不幸的是，他們所搭乘的那艘船在暴風雨中撞毀了，船上的乘客全都跌進海裡。商人在抓住一塊浮板之後，拼命向四處張望極力尋找母親的蹤跡。當他看到母親正在水中載浮載沈地掙扎時，便以最快的速度游到她的身邊。就在拯救母親的當下，他突然瞭解到一切眾生就像他的母親一樣沉淪在痛苦之中。懷著這樣的慈悲心他決心尋求真理，以解除眾生的痛苦。就這樣，發了菩提心的他多生之後成為菩薩。

一個人在發菩提心和立下誓願之後，佛會為他授記。所謂授記，是指佛陀預言發大菩提心、行菩薩道的人將來必定成佛。在《妙法蓮華經》裡，佛陀就預言舍利弗將會成佛。一個發菩提心的修行人，都會立下誓願普度眾生，而每個菩薩也會依據不同的願力立下不同的誓願。例如，阿彌陀佛在成佛前，多劫以來曾有一世即是法藏比丘，他所立下的四十八願是很特殊的，讓眾生能夠帶業往生淨土，在西方極樂淨土裡繼續修行。

割肉餵鷹

多劫中曾有一世，佛陀是一位修習布施的國王，名叫尸毗王。一天，他救了一隻即將被老鷹傷害的鴿子。但是救了鴿子，老鷹找不到食物卻必須餓肚子，在不忍老鷹挨餓的情況下，尸毗王便割下自己身上的肉來餵鷹。尸毗王的故事，呈現出修行菩薩道並不是一件容易的事。修習菩薩道在助人的時候必須周全，不令任何一方的人或事物受到傷害。所以尸毗王救了鴿子的性命之後，為了不使老鷹挨餓寧可犧牲自己的性命割肉餵鷹，達成一切眾生所願。

佛學小辭典

■菩提舊譯為道，求真道之心曰菩提心。新譯曰覺，求正覺之心曰菩提心。
《維摩經》曰：「菩提心是菩薩淨土。」
《觀無量壽經》曰：「發菩提心，深信因果。」
《智度論》曰：「菩薩初發心，緣無上道，我當作佛，是名菩提心。」

行菩薩道

一個人要修習菩薩道，第一步就是發菩提心。發菩提心，是希望一切眾生都得到快樂不要有痛苦。具有慈悲心行菩薩道的人不會只想到自己成佛，而讓眾生繼續在生死輪迴中受苦。

當我們知道在過去的無量劫中，眾生曾經是我們的父母、手足、親屬或朋友時，便可體會往昔受到眾生許多的恩惠。當嬰兒尚在襁褓中時是完全無助的，只有依賴父母的照顧才能生存。從牙牙學語、走路、坐下、餵食、洗澡、供給日常所需…一切的一切都需仰仗父母。一個修習菩薩道的人，在瞭解到芸芸眾生與自己的關係而又曾經受過恩惠，自然地就會想報恩，希望幫助眾生得到快樂，解除眾生的痛苦。但是要解除眾生的痛苦，只有成佛才能達到這個目的。

所以，一個修習菩薩道的人，是為了眾生而誓願成佛的，就像善慧童子在燃燈佛面前所發的誓願一樣──在超脫生死獲得無上快樂後，我也將引導眾生達到成佛的目的。

佛教對眾生有兩個基本觀點，一切眾生都是平等的：一切眾生都對我有恩。眾生平等的觀念，是佛教道德觀念的基礎。尊重生命、尊重別人擁有財物的權利等等的觀念，都是建立在這個基礎上。從無始以來，一切眾生都在生死輪迴之中，眾生之間的關係一直不斷地

佛性，佛者覺悟也，一切眾生，皆有覺悟之性，名為佛性。性者不改之義也，通因果而不改自體是云性。

二佛性，一者理佛性─不生不滅，法性之妙理，名理佛性；二者行佛性─大圓鏡智等四智之種子，名行佛性。此中理佛性，一切有情皆具，行佛性有具有不具，不具者永不成佛。

三佛性，一者自性住佛性─真如之理，自性常住，無有變改，一切眾生，本有此性；二者引出佛性─眾生必假修習智慧禪定之力，方能引發本有之佛性；三者至德果佛性─修因滿足，至於果位時，本有之佛性，了了顯現，是名至德果佛性。

三因佛性，《金光明經玄義》云：大覺之性，不增不減，非變非遷。一切眾生，無不具此三因佛性，此因若顯，即成三德妙果也。

一、正因佛性─正謂中正，謂中必雙照，三諦具足，名正因佛性。

二、了因佛性─了謂照了，謂由前正因，發此照了之智，智與理相應，故名了因佛性。

三、緣因佛性─緣即緣助，謂一切功德善根，資助了因，開發正因之性，故名緣因佛性。

五佛性，一者正因佛性；二者了因佛性；三者緣因佛性；四者果佛性，菩提之果也，正覺之智，謂之菩提；五者果果佛性，大涅槃也，以菩提之智，顯涅槃之理，故云果之果。

●《大日經疏一》曰：「菩提薩埵，阿闍梨
云：具據正義當云菩提索多，此索多者，
是忍樂修行堅持不捨義也。然聲明有如是
法，若論文字，其義雖正，音韻或不流便
者，得取便安之。故世論師謂為薩埵，傳
習者隨順其辭。」

在轉變中。任何一個人在累劫累世中，都可能是我們的眷屬、親戚或朋友，一切眾生在無數的過去世也曾對我們有恩。

菩薩瞭解一切眾生是平等的、是有恩的，所以立下誓願幫助眾生解脫痛苦。菩薩的誓願是為了利益他人，而不是只為了成就自己。只要誠心發願要解除別人（即使少數幾個人）痛苦的人，都是具有高尚品格而且是值得尊敬的。醫生發願解除病人肉體上的痛苦；社會工作者發願改善窮人的生活環境；心理學家發願要減輕病人精神上的痛苦；某人發願施捨食物和衣服給窮人…即使只能在某種程度上解決部分的困難，都是值得肯定與讚賞。不過，菩薩所發的誓願是解除眾生的痛苦，與眾生共成佛道的誓願，卻比上述的任何一種誓願更偉大也更艱難。

大慈大悲

一個人有了大慈大悲的心，才會發菩提心。一般人雖然希望能夠幫助眾生，使他們從痛苦中解脫出來，可是由於能力所限不一定能夠

做到。只有佛陀因為具有圓滿的智慧，才能隨時隨地救度眾生。所以一個人首先需要發心成佛，才能達到救度眾生的誓願。

想要成佛度眾生的心就是菩提心。一個人在發菩提心後所立下的願就是菩薩的誓願。菩提心可以分為世俗菩提心和勝義菩提心。在修習菩薩道的過程中，一個人從初發菩提心到成佛，都與上述的兩種菩提心有關。

世俗菩提心，是指一個人發心成佛時，仍把眾生和輪迴當作是實有的。這種觀點是屬於俗諦的而不是勝義諦。俗諦是指以無明的觀點來觀看事物；勝義諦是以悟道的觀點來觀事物。一個人在修習菩薩道之後，特別是在

佛學小辭典

■菩薩，梵文 Bodhisattva 亦稱菩提薩埵意譯為覺有情。其義有二：一則是指成佛前的悉達多太子。另意為具自利利他的大願，追求無上正等正覺，並已證得性空的眾生。〈佛說十地經卷二〉菩薩既得如是大慈、大悲、大捨意樂已，為欲救拔一切有情，轉更訪求世出世間諸利益事。

■《華嚴經·菩賢行願品》提到菩薩的十大誓願：
禮敬諸佛——禮拜、恭敬十方諸佛。
稱讚如來——稱讚佛陀的勝德。
廣修供養——以珍貴的物品供養佛陀和十方菩薩。
懺悔業障——懺悔自己所造的各種罪業。
隨喜功德——見到眾生做善事，內心感到歡喜。
請轉法輪——請佛陀及十方諸佛為眾生說法。
請佛住世——勸請佛陀常住世間。
常隨佛學——常常跟隨佛陀，向佛陀學習。
恆順眾生——順眾生的心意，為眾生服務。
普皆迴向——把所修行的功德迴施眾生，不據為己有。

瞭解緣起性空的道理之後，就會把世俗的菩提心轉化提升為勝義菩提心。

世俗菩提心又可以分為願菩提心和行菩提心。願菩提心是指發廣大的誓願，要從這一世開始直至無窮無盡的未來世，上求佛道，下化眾生。

行菩提心是指一個人發了願菩提心之後，為了達到成佛目標，而受持菩薩戒，行菩薩道，成就種種利他的善業。

我們把發菩提心所立的誓願與一般人的願望，做客觀的剖析後可以發現，菩薩所立的誓願是為了普度眾生，這些誓願較之世俗的願望更為深遠廣大。一個人發菩提心之後，前世所造的惡業便可以滌除，就算所立的誓願這一世沒有機會實現，來世也會投生在一個美好的地方，如生長在有機會聽聞佛法的環境，不會受到惡劣環境的傷害，時時具有正念，有完美的品格等等。印順法師說：「發菩提心的眾生，即使時久遺忘而誤入歧途，造作種種罪業，墮惡道中，也會比其他受罪者好得多。因為他所感受的痛楚，較為輕微；他的受報時間較短，易於出離苦道。」

3 菩薩的三心四願

菩薩三心,直心、深心、大悲心。菩薩四願,眾生無邊誓願
度、煩惱無盡誓願斷、法門無量誓願學、佛道無上誓願成。
菩薩的善巧與方便是應機應緣度化眾生。

菩薩的三心

修菩薩行除了需發菩提心還要發三種心——直心、深心、大悲心。

「直心」,是以正直的心,念真如妙法。從最初發菩提心開始直至成
佛,在這段漫長的過程當中,要一直保持正直的行為、不諂曲的
心。不彎曲、不矯飾從始至終念念迴光返照,處處真心《佛遺教經》
有云:〈諂曲之心,與道相違,是故宜應質直心。當知諂曲,但為

欺誑，入道之人，則無是處。〉

「深心」，是樂修一切善法的心。菩薩必須以甚深的信願樂修一切善法、六度萬行，無量福慧都需要精進修持。普賢菩薩的大行願力，依願而修，堅固不退，勇猛精進。眾生界盡、眾生業盡、眾生煩惱盡，我此願王是無窮盡。普賢菩薩行願力就是深心。

「大悲心」，是拔除一切眾生痛苦，無緣大慈，同體大悲。《楞嚴經》裡阿難尊者發大誓願：「如一眾生未成佛、終不於此取泥洹。」觀世音菩薩化無量身、度無量眾都是大悲心的體現。

四個願望

眾生無邊誓願度，是第一個願望。

十方世界無量無邊的眾生都是菩薩度化的對象。不管欲界、色界、無色界；天道、人道、阿修羅道、地獄道、餓鬼道的眾生都要度化。

我們的身體是父母親因緣與我們自身的業緣三緣會合而產生的，身

● 修道之人，舉止動步，心不外馳，無有輕躁，常在正念，以成三昧，如法而行。

體是地、水、火、風四大組合而成。十方有無量世界，無量世界裡有無邊的眾生，眾生因為業力、因緣，一回天上；一回人間；一回地獄；一回餓鬼，如此輪迴永無休止。普度眾生的願力就是幫助眾生出離苦海、超脫生死輪迴。觀世音菩薩聞聲救苦，就是菩薩利他的願力。

煩惱無盡誓願斷，這是第二個願望。

煩惱是迷亂眾生真心的障礙。因為我們有貪心、瞋心、痴心、驕傲的心、懷疑的心、沒有正念的心。煩惱無盡迷惑本心，因為迷惑而造業，因為造業而受到生死輪迴苦惱。菩薩發心修行，一定要發大誓願堅決斷除所有煩惱，無惑不作業，無業不受報。《圓覺經》云：〈永斷無明、方成佛道〉這是修行人自利的行願。

第三個願望是，法門無量誓願學。

佛陀所開示的八萬四千法門，是對治眾生心中的八萬四千煩惱，法門無量不出戒、定、慧。由戒生定，由定生慧。有了智慧即能除一切無明，但要成就佛果，關鍵在於勇猛精進。彌勒菩薩學佛的歷史遠較釋迦牟尼佛要久遠的多，而釋迦牟尼佛能夠先彌勒菩薩早證佛果，即是精進力故。

佛道無上誓願成，
是菩薩的第四個願望。

佛道即是證得阿耨多羅三藐三菩提，成就無上正等正覺。無上，是最上最為第一，是超越九法界眾生。正等，是超越羅漢、辟支佛二乘人。正覺，是超越菩薩法界。〈讚佛偈〉云：〈天上天下無如佛，十方世界亦無比，世間所有我盡見，一切無有如佛者。〉

發菩提心，行菩薩道，要先發大誓願才能自利利他、福慧雙修。應知虛空非大，心王為大；金剛非堅，願力最堅；心真則事實，願廣則行深。菩薩修一切善法皆以願為前導，就如同釋迦牟尼佛因地修行時，都發下無上大願，依願修行究竟成佛。

方便與善巧

菩薩不但修習六度，也修習四攝法門——布施、愛語、利行、同事。菩薩修習方便法時，能夠依據眾生不同的性格，善用種種不同的方法，引導眾生脫離痛苦。《妙法蓮華經》中佛陀曾經說過一個故事。有一天，一名富翁出外做生意，回到家中見自己的屋子著火了。當他匆匆地趕回家時，發現他的孩子仍毫無覺知的在屋子裡玩耍，一點也不知道熊熊烈火已經迫在眉睫。富翁看到這種情景心急如焚的大聲叫喊：「孩子們，快出來啊！房子著火了！」但是，孩子們因為沉迷於遊戲並不理會富翁的叫喊，繼續地玩樂。

焦急的父親心想孩子只知玩樂，不如告訴他們我帶回來新奇好玩的珍貴寶物，也許可以依此誘導他們出來，想罷又大聲喊道：「孩子們，我帶回來許多珍妙寶貝是要送給你們的，你們趕快出來拿吧！」孩子們一聽到新奇的珍玩，都爭相地從失火的屋子裡跑了出來，富翁因此順利地解除了孩子們的生命危機。

佛學小辭典

六度與十度 列表如下：

六度	十度
一、布施	一、施
二、持戒	二、戒
三、忍辱	三、忍
四、精進	四、精進
五、禪定	五、靜慮
六、智慧	六、般若
	七、方便善巧
	八、願
	九、力
	十、智

佛學小辭典

■佛教遭受為政者或異教徒之諸種迫害橫難，稱為法難。又作謗佛、謗法、破佛、王難、毀法、廢釋、廢佛、滅佛等。法難或起於為政者信奉他教，或起於異教徒之迫害，或由於教團本身內部於宗義上之起衝突，或行政上統制之歧異等。

中國佛教史上則有三武一宗法難－北魏太武帝、北周武帝、唐武宗、後周世宗，皆重道教而排斥佛教。

●浮屠亦作浮圖，休屠。按浮屠
浮圖。皆即佛陀之異譯。佛教
為佛所創。古人因稱佛教徒為
浮屠。佛教為浮屠道。後並稱
佛塔為浮屠。

父親以孩子喜歡珍玩寶貝的性情，巧妙地運用奇珍異寶將孩子引導出離火宅，使他們遠離危機，不致活活地被燒死。同樣的，佛陀也是依照眾生的根器，以方便法來救度眾生使眾生脫離痛苦，並引導眾生證悟真理。

由智慧可以引發慈悲心，慈悲是一切方便法的根源。所謂「方便法」就是佛、菩薩為救度脫眾生所採用的善巧方法。

佛教裡的三乘法，就是引導眾生達到解脫的方便法。所謂三乘，是指聲聞乘、緣覺乘、佛乘。聲聞是指聽聞佛陀言教而證道的聖者；緣覺又稱獨覺或辟支佛，是指在無佛的世界靠自己修行覺悟真理的聖者。此外，佛陀以色身示現，金剛乘（密宗）以特別修行的方法來達到解脫的目的，都是方便法。佛教中的許多教義、修行方法，都可視為順應眾生根器的方便法。

菩薩的修行過程，分為十個階位，稱為「十地」。即歡喜地、離垢地、發光地、焰勝地、難勝地、現前地、遠行地、不動地、善慧地、法雲地。

十地也說明了菩薩福慧成就的位階。唯識宗將六度的智慧加上方便善巧、願、力、智等四度（四波羅蜜）。六度加上以上的四度，合稱十度又稱十波羅蜜。修行十度，成就十地果位。

● 依佛所說教法，修於眾行，乃至不捨菩薩
業，不離菩提心，即是以法供養諸佛菩薩。

第四篇

傳承佛陀衣缽的十大弟子

舍利弗智慧第一　目犍連神通第一
阿那律天眼第一　阿難陀多聞第一
羅睺羅忍辱第一　大迦葉苦行第一
迦旃延議論第一　富樓那佈教第一
優波離持戒第一　須菩提空性第一

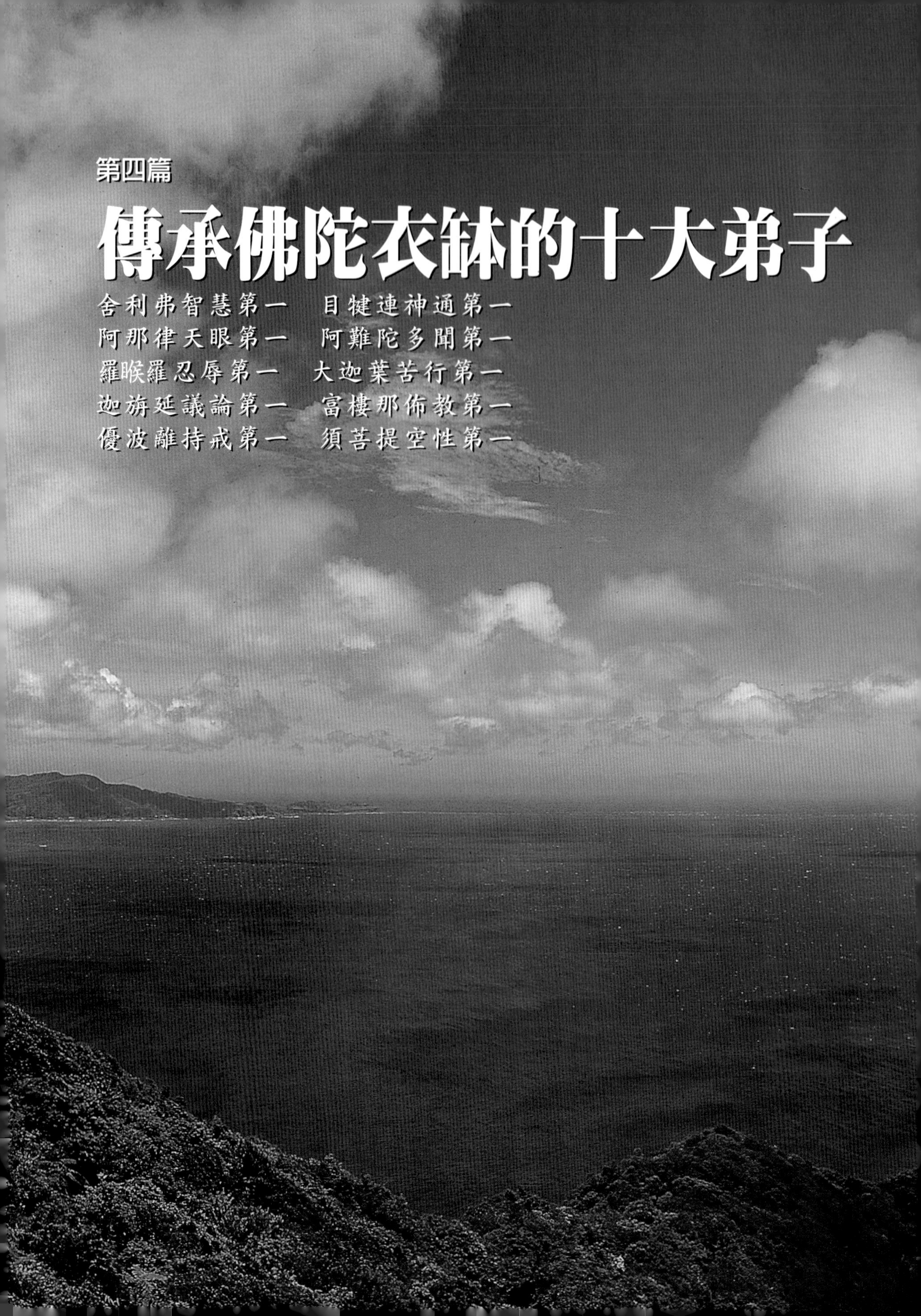

智慧與神通

1

舍利佛，在佛陀弟子中勘稱智慧第一時常代佛說法。僧團中棘手的問題都由他出面解決，是僧團裡有名的建築師與大論師。他是佛陀的堂弟提婆達多最畏懼的人，也是先佛陀入滅的修行者；地獄救母、為法獻身的目犍連，在佛陀的弟子中以神通第一著稱。

智慧第一的舍利弗

舍利弗，八歲時已登婆羅門論師的寶座，其辯才無礙、義理周詳當代無人能出其右。舍利弗不僅精通四吠陀、奧義書和佛學，更是著

名的建築師。須達多長老用金磚鋪地買下祇陀太子的花園供養給佛陀之後，佛陀即派舍利弗掌管設計精舍與管理施工的工作。

在施工的過程中有許多外道反對佛陀建造精舍，他們紛紛要求與舍利弗辯論，若外道勝，舍利弗必須離開舍衛城不再建造精舍；若舍利弗勝則外道亦不再對工程加予干擾。一場論戰，舍利弗一人與無數外道對抗，只見他獨自一人雄辯滔滔，不僅折服外道更令在場圍觀的眾人由衷讚嘆。這場論戰不僅是舍利弗勝，許多外道更因為他而投佛學法。

舍利弗終於能夠順利的建造精舍。在他縝密的規劃下，精舍共建造了十六座殿堂，殿堂是專供集會之用。另外，舍利弗為了讓前來學習佛法的四眾弟子能夠安住，他又陸續的蓋了寮房、休養的房舍、梳洗的地方、儲藏室、浴室、廁所等等，整座祇園精舍可以說是非常完善，讓所有修行人能夠身心安定的跟隨著佛陀修行。

舍利弗勤修菩薩道，不但能夠將身外的房產、財物布施與人，就連他的身體都可以布施。佛經裡曾有這樣的一段故事…在多劫前，舍利弗仍是位修行者。有一天，他聽聞一個青年哭哭啼啼的走過他的身邊，修行者問道：「年青人，什麼原因讓你哭泣？」年青人說道：「我的母親瞎了，醫生說必須要用修行人的眼睛作藥引，母親的眼睛才能恢復健康，我想到哪裡去找修行人？又有誰願意以自己的眼睛去救別人的光明？」修行人道：「我就是一個修行人，我願意把我的眼睛送給你的母親做藥引。」年青人喜極望外連聲答謝。

修行人以手摘下自己的雙眼交予年青人，此時年青人拿到這血淋淋的眼球，卻覺得腥臭：「你是什麼樣的修行人啊？你的眼睛充滿了腥臭的氣味，我的母親不要你的眼睛做藥了。」說完年青人便將眼球丟在地上，並用腳踩碎之後揚長而去。修行人聽到年青人的話，再聽到自己的眼球被踩碎的聲音，當下心中想到：「眾生難度，菩提心難發，菩薩行難行啊！我還是當一名自了漢罷了。」此時修行人的耳邊卻傳來：「這不過是在考驗你行菩薩道，道心是否意志堅定罷了，你不應為此而退了道心，更當勇猛精進才是。」聽了這段

● 十二因緣為十二種因緣生起之意。又作二六之緣、十二支緣起、十二因緣起、十二緣起、十二緣生、十二緣門、十二因生。即構成有情生存的十二個條件。

話修行人心念一轉，更加堅強的力行菩薩道。

佛陀的堂弟提婆達多，生性頑劣常為僧團帶來非常大的紛擾與傷害，但是提婆達多最畏懼的就是舍利弗。有一回提婆達多破壞僧團和諧毀謗佛陀，帶領著僧團中的五百僧人離開僧團。舍利弗正氣凜然地去到提婆達多的居處，怒目訓斥與提婆達多同行的五百人：「區區小利、稍稍脅迫就令你們偏離正道、放棄信仰，你們不覺可恥…」經過舍利弗的教育，五百僧人跪下懺悔跟隨著舍利弗回到佛陀的僧團。提婆達多眼見著自己帶來的門下弟子為舍利弗所訓斥，卻不敢言語，心中畏懼，只能眼睜睜地看著他們隨舍利弗而去。

當佛陀預言即將於三個月後入滅，舍利弗與大家同樣悲傷。在禪定中他想起一事，過去諸佛上首弟子皆在佛入滅前先行入滅，我是佛陀的上首弟子理應先佛入滅。他將此心事上告佛陀，得到佛陀的同意之後，便即回鄉告別母親，而當天舍利弗就在他出生的房間裡入滅。

神通第一的目犍連

目犍連向來以神通著稱，這是他累劫發願修行而來。有一次佛陀說法，卻不見舍利弗在座，佛陀特別允許目犍連顯神通到舍衛國將舍利請來。來到舍衛國，目犍連將佛要說法的事情告知舍利弗之後隨即折返。目犍連現神足通，心想我一定比舍利弗先到，誰知當他回到佛陀說法的地點，舍利弗已經結跏趺坐，坐在佛的身邊。目犍連不解的問佛：「明明我走在舍利弗的前面，為什麼舍利弗比我先到，難道是我失了神足通了嗎？」佛陀說：「你有大神通，現在你可以在大眾中顯現神通，增加你初學的信心。」目犍連一聽佛所說，立即大踏步跨上月球，另一足則踏上梵天，使大地為之震動，大眾連聲讚嘆，目犍連也因此重拾信心。

目犍連除了神通，最為人所稱道的是救拔在餓鬼道中受苦的母親。

有一天，他於禪定中見母親墮在餓鬼道，喉如細針、肚凸如鼓、口吐火焰正在受無量苦。目犍連見母此狀哀痛萬分，將之稟告佛陀。佛陀說：「你母親生前謗僧、不信因果，故受此報。此罪非一人之力所能解救，必須仰仗十方僧眾才能令你的母親脫離餓鬼道。每年的十月十五日是僧眾自恣日，你可以供養僧眾，讓母親得度。」目犍連即依佛陀所傳授的法門救度母親，同時也救度餓鬼道眾生。

目犍連雖然已是一名得到了脫的修行者，但他卻是在佈道的過程中，被人活活的以石塊砸死。

有一天，目犍連四處奔波的弘揚佛法，在經過伊私犍梨山下被強人所見，從山上推下亂石活活的將他打死。目犍連是第一個為傳播佛法而殉教的人。目犍連遇害的消息傳來，悲慟的比丘們紛紛詢問佛陀：「為什麼他不用神通避過災難？」佛陀說：「神通敵不過業力，肉體無常，業報卻需了結。對覺悟者來說，死是生的果。目犍連於過去生中曾是漁夫，命喪在其手中的生命不知幾何，今天他選擇為法獻身，以短暫的色身換取真理，是將生命貢獻給真理的大丈夫。」

佛學小辭典

■自恣日

僧眾於每年的七月十五日夏安居畢，在大會中由眾人舉手說出自己所犯的錯，並對著其他比丘懺悔。即任由他人隨意的檢舉自己所犯之錯。通常自恣日是在結夏安居的最後一天。

佛學小辭典

■《彌勒所問經》曰：「一業多果，多業一果。」一業多果是一罪數刑，多業一果是數罪一刑，從其重也。
《彌勒所問經》又謂十不善業道，有三種果：一果報果，二習氣果，三增上果。生地獄中，是名增上果。由地獄退生人中，依殺生故有斷命果。依偷盜故有資生果。乃至依邪見故痴心增上，以是一切名習氣果。依彼十種不善業道。有一切外物氣勢，所謂土地高下雀鼠霄棘塵土臭氣多有蛇蝎，乃至如此一切苦界名增上果。

2 天眼第一與多聞第一

個性倔強的阿那律，因為佛陀訓斥：「你再好睡，就如蚌蛤一睡千年，不聞佛名。」因而發奮向上，發下誓願——盡形壽，不再睡眠。佛滅度後由大迦葉尊者領導僧團，到雞足山入滅前尊者則將僧團囑予阿難，此時阿難己經六十六歲，佛教在阿難的領導下和合無諍。

個性倔強的阿那律

阿那律又譯阿耨樓陀，是佛陀的堂弟。佛陀對出家的釋迦族人要求特別的嚴格，有一次佛陀說法時，阿那律正在打瞌睡，佛陀怒斥：

「你再好睡，就如蚌蛤一睡千年，不聞佛名。」阿那律在眾人面前被佛訓斥後，立即跪下懺悔，並立下誓願：「盡形壽，不再睡眠。」不久，阿那律因為不睡而患了眼疾，佛陀知道以後特別關心，他告訴阿那律：「耳以聲為食；鼻以香為食；舌以味為食；眼以睡眠為食；涅槃以不放逸為食。任何事物都一樣不能太過，也不能太少。你應該睡，好好保護眼睛。」阿那律說：「我已經發了誓願，這輩子都不再睡了。」佛陀看他如此堅持，不再多說，請來醫生為阿那律做醫療。

阿那律終於瞎了，無法自行乞食、無法自行縫衣。後來他的三衣實在是破爛不堪，不能再穿了，阿難便主動替他作新衣，佛陀知道後親自為阿那律製作三衣並教導他修習金剛照明三昧。不久阿那律即證得天眼通。不論晝夜、內外、遠近皆可一目了然。

之後，阿那律向佛陀請法，如何修行菩薩道，佛為其說八大人覺法令其修行。阿那律遵從佛陀的法教，經常在禪定中思惟，體證宇宙人生的真理，並且找到了覺悟的途徑。

佛要入滅前詢問眾弟子：「四聖諦、十二因緣是我所證悟的真理，是證果的要道，對此你們可有疑問？」阿那律合掌恭敬對佛說道：「我們相信四聖諦與十二因緣法是宇宙真理，即使雪山可以融成大海，大地可以變成廢墟，佛所說的四聖諦、十二因緣法是不可令異。」阿那律這一席話讓佛陀一生的說法得到莫大的安慰，讓佛微笑入滅。

多聞第一的侍者阿難

佛陀成道後，先後有舍利弗與目犍連兩位侍者。但佛陀漸漸老邁需要有人隨侍在側，舍利弗與目犍連又常出

● 菩薩五智，一、通達智，能覺夢而通達諸法之智；二、隨念智，能憶持過去事而不忘失之智；三、安立智，能建立正行而令眾生修習之智；四、和合智，能觀一切法隨緣和合之智；五、如意智，即能隨意所欲而無不滿足之智。

● 佛果，佛為萬行之所成故云佛果。能成之萬行為因，而所成之萬德為果。

門弘法，後來大家覺得僧團中記憶力強又年輕的阿難是非常合適的人選，舍利弗與目犍連便向佛陀推舉阿難擔任這個職務。

但是阿難卻提出了三個條件，希望佛陀能夠答應他才願意擔任侍者。阿難的條件是，不穿佛陀所穿過的衣服；佛陀接受供養時不侍奉；沒有必要見佛時，不見。佛陀知道阿難所提出的條件之後，非常讚嘆，佛說阿難具有優秀的品格。十九歲的阿難便開始二十七年的侍者生涯，隨著佛陀四處弘法。

佛即將涅槃時，阿難泣不成聲，佛陀以慈祥的眼神看著阿難，對著弟子們說道：「阿難為人敦厚、聞法不忘，他將來必能在這世上發光發熱。」

佛入滅後的第三天，阿難起身前往王舍城，因為大迦葉尊者在王舍城集結經典。大迦葉經過審慎的思考，挑選了四百九十九名大阿羅漢參加結集。阿難並不在內，因為直至目前阿難尚未證果。大迦葉

的決議讓阿難倍受衝擊，當天夜裡阿難即發奮修行，中夜即證阿羅漢果。當然阿難也就順理成章的參加了第一次的經典集結，並在會中背誦出《阿含經》《中阿含經》《雜阿含經》《增一阿含經》《譬喻經》《法句經》。

佛滅度後由大迦葉尊者領導僧團，到雞足山入滅前尊者則將僧團囑予阿難，此時阿難已經六十六歲，佛教在阿難的領導下和合無諍。一百二十歲的阿難，有一天思惟佛在世時的諸大弟子皆已入滅，世上只剩下我一個人，於是他來到摩竭陀與毗舍離兩國的交界處，騰於空中，進入涅槃。，他的身體一分為二，一份留在毗舍離，一份留在摩竭陀國。由於阿難入滅的因緣，摩竭陀國與毗舍離兩國長年的爭戰因此止息，令兩國人民的生命財產不受損失。

3 忍辱與苦行

佛陀告訴羅睺羅：「我能證得佛果，是因為心地平和，知道忍辱的德行是重要的、最可貴的。」

佛陀説：「我的正法不是毀於天魔外道，而是毀於僧團的腐敗與墮落。若要正法久住、僧團永固，一定要像大迦葉一樣的清淨修行。」

小沙彌羅睺羅

羅睺羅是佛陀與耶輸陀羅的兒子，佛陀成道後回到故鄉，佛陀想到將來迦毗羅國的王位若由羅睺羅來繼承，幼童繼位並非萬民之福，

便教舍利弗度羅睺羅出家傳授沙彌十戒，並由目犍連為其剃度。

剛出家的小沙彌羅睺羅，非常調皮，時常捉弄前來參禮佛陀的修行人，使前來禮敬佛的人疲於奔命，佛陀知道之後狠狠的訓斥羅睺羅說到：「出家做沙門，不重威儀，戲弄妄語，生前無人珍視你，死後還要墮到三惡道中。」聽完佛陀的訓戒，羅睺羅戒慎恐懼地面對自己的錯誤，攝心修持。

有一次羅睺羅聽完佛陀說法回到房舍，只見自己的衣服和缽都被丟在門外，房間也被其他比丘佔去。當時佛陀曾有規範，比丘不能與沙彌同住一房。羅睺羅只好收拾衣缽到廁所去坐禪。屋漏偏逢連夜雨是此時羅睺羅的寫照，天上下起雨來，積水使原來躲在洞裡的蛇都跑出來了，羅睺羅只能與蛇同處在一個坑窪中，生命飽受危險。佛陀知道這件事之後，立刻要人找羅睺羅到自己的房中休息，並修訂了戒律，比丘與沙彌可以同處一室兩夜。

羅睺羅與舍利弗到城中乞食，一個不學無術的惡漢不僅在舍利弗的缽中丟入沙石，並以棍棒打破羅睺羅的頭。舍利弗和善的對羅睺羅說：「佛常常教導我們，受到讚揚時心不能驕傲，受到悔辱的時候，心不能瞋恨。這個世上沒有比修忍辱更勇敢的人，忍辱是可以戰勝一切力量。」聽完舍利弗的話，羅睺羅平靜的走到河邊將自己頭上的血污洗乾淨，繼續乞食。佛陀知道這件事非常欣慰，他告訴羅睺羅：「我能證得佛果，是因為心地平和，知道忍辱的德行是重要的、可貴的。」

羅睺羅因為是佛陀的兒子，在僧團中是頗受禮遇稱讚，也因如此佛陀對他的教育非常的嚴謹。佛陀對羅睺羅說法：「你要觀色受想行識是無常：宇宙一切萬有都是無常。」佛陀要他以慈心摒除瞋恨：以不淨觀摒除貪欲：用數息治散亂；用智慧斷愚痴。就在羅睺羅即將證果的時候，佛陀更對他說：「如果你以無緣大慈同體大悲的心情對待宇宙萬物，那麼你的心量就可以同宇宙一樣的浩瀚寬廣。」

羅睺羅證果之後，受到許多的供養，也遇到許多受信眾供養後所衍生的問題。譬如說，供養的人對供養物的使用多所干涉或是供養之

■十二條頭陀行者所應遵守的規則：
一、 納衣，又名糞掃衣，即拾人丟棄不用的破布洗淨之後縫納為衣。
二、 三衣，又名但三衣，即但著僧伽梨、鬱多羅和安陀會等三衣，不用其餘的長衣。（以上二衣，屬於衣服。）
三、 乞食，又名常乞食，即自行乞食，不敢受他之請待與僧中之食。
四、 不作餘食，即午前一度正食之後，不更作二度以上的正食，二度以上的正食叫做餘食。
五、 一坐食，又名一食，即午前一度正食之後，不更作小食，餅果粥等叫做小食。
六、 一揣食，又名節量食，即受一丸之食於缽中便止，不再多接受。（以上四種屬於食事。）
七、 阿蘭若處，華譯遠離處或空閒處，即住於遠離人家的空閒處。
八、 塚間坐，即住於墳墓之處。
九、 樹下坐，即住在樹下。
十、 露地坐，即樹下猶有庇蔭，去而住於露天之地。
十一、隨坐，即有草地即住，不必樹下露地。
十二、常坐不臥，即常趺坐而不橫臥。（以上五種屬於住處。）

後又將同一供養物供養給別的僧人。這些事讓他頗感困擾的前去請示佛陀。佛陀說：「你要問明白，干涉供養的人其供養的目的何在？若是供僧，則一切事務皆不能再行干涉。至於重複供養的問題，現在我說的話所有的人都必須遵守─若是曾經布施過僧眾的任何東西，其他僧人就不能再接受。」

佛陀會立下這樣的規矩，是為了避免僧團內部有爭奪寺產的糾紛。

拈花微笑

在佛陀的弟子中姓迦葉的很多，這裡要說的是修頭陀苦行的大迦葉尊者。大迦葉生於富裕的婆羅門之家，很年輕的時候父母就逼他娶妻。聰明的他拿來一座黃金鑄成的美女雕像，告訴父母：「只要你們能找來這一模一樣的女子，我便願意成家。」沒想到他的父母請人帶著雕像從王舍城一路找到毗舍離，就在毗舍離的郊區，他們找到了一個名叫妙賢的女子，長得與雕像一般的美。

大迦葉與妙賢在雙方家長的撮合下成親。但新婚的新娘子鬱鬱寡歡，大迦葉勤加詢問，妙賢終於說道：「我本來厭惡五欲淨修梵行，但我父親被你父親的財物寶貝所迷惑，堅持要我成親。」大迦葉一聽心中升起大歡喜，說道：「我原也是對愛欲厭離，樂修淨行，既是如此我們可以輪流睡眠，一人睡床、一人坐禪。」如此過了十二年，大迦葉的父母相繼往生，他便離開王舍城四處參訪尋找老師。大迦葉對妙賢說道：「若我找到好的老師，學到正法一定回來接妳。」

大迦葉來到竹林精舍見到佛陀相好莊嚴，知道佛陀是個證悟的覺者，於是向佛陀頂禮要求佛陀為其剃度。佛陀為他剃度並對他說四聖諦與十二因緣法，八天後大迦葉即證得阿羅漢果。大迦葉證果之後，即派人將妙賢接過來加入比丘尼僧團。妙賢精進勤修證悟後，佛陀曾稱讚妙賢：「比丘尼中，

沒有人比妙賢更通宿命。」

大迦葉修頭陀苦行，喜歡露天靜坐在塚間修行。有一次佛陀在鹿母講堂說法，大迦葉蓬頭垢面、衣衫破蔽地前來聽法，佛陀說：「大迦葉，你已經老了，不要過於疲勞，不須再修苦行。」大迦葉：「我以苦行為樂，不愁吃、不愁衣、不愁食，沒有人間得失讓我感到清淨自在。」佛陀說：「我的正法不是毀於天魔外道，而是毀於僧團的腐敗與墮落。若要正法久住、僧團永固，一定要像大迦葉一樣的清淨修行。」

根據《大梵天王問佛決疑經》裡提到，大梵天王在靈鷲山請佛說法，並獻給佛陀一朵金色波羅花。此時佛陀高陞法座，手裡持著金色波羅花不發一語。在座唯有摩訶迦葉破顏微笑。佛陀喜悅的說道：「我有正法眼藏，涅槃妙心，實相無相，微妙法門，囑摩訶迦葉。」並將金縷袈裟與缽授與迦葉，所以禪宗把摩訶迦葉列為西天第一代祖師。

摩訶迦葉為護持正法，於佛滅後統領大眾、集合五百比丘結集經典，此舉讓教團免於分裂。百歲後，大迦葉即將僧團囑咐阿難，自己帶著佛陀所傳的僧伽梨衣到雞足山中去等候彌勒降生成佛，將衣缽交給彌勒。

佛學小辭典

■拈花微笑，此事出何經何人傳之，大藏所收之經論不記此事，隋唐之宗匠亦無言此事者，惟唐德宗末，金陵沙門慧炬撰《寶林傳》始記此事。其後至宋，《人天眼目》《無門關》《五燈會元》《廣燈錄》《聯燈會要》等諸書亦記之，此外拈之頌之者，不暇枚舉。然《景德傳燈錄》《碧巖錄》《傳法正宗記》亦不記之。

宋王安石言此事出《大梵天王問佛決疑經》《宗門雜錄》曰：王荊公問佛慧泉禪師云：禪宗所謂世尊拈花，出在何典？泉云：藏經亦不載。公云：余頃在翰苑，偶見《大梵天王問佛決疑經》三卷，因閱之，所載甚詳。梵王至靈山以金色波羅花獻佛，捨身為床座，請佛為眾生說法。世尊登座，拈花示眾。人天百萬，悉皆罔措。獨有金色頭陀，破顏微笑。世尊云：吾有正法眼藏，涅槃妙心，實相無相，囑咐摩訶大迦葉。此經多談帝王事佛請問，所以秘藏，世無聞者。」

4 平等說法　不怕犧牲

迦旃延在佛陀的弟子中稱為議論第一。他思惟敏銳，回答問題字字珠璣；富樓那對宣揚佛法熱忱的付出，四處為家，白天他就在城裡說法，夜間則在山林、曠野坐禪。

很會說法的迦旃延

迦旃延那羅陀，生於南印度阿提國，父親是國師，他的舅舅就是有名的阿私陀仙人。阿私陀仙人曾一再的提醒迦旃延，等到悉達多太子成道後，一定要跟隨他學習他的法。

迦旃延在佛陀的弟子中稱為議論第一。他思惟敏銳，回答問題字字

珠璣。有一回婆羅門修道者問迦旃延：「種姓之間彼此相爭，所為何事？」迦旃延回答：「為了貪欲。」婆羅門：「比丘與比丘相爭又為何事？」迦旃延：「知見與法執。」婆羅門：「誰能離開貪欲、知見與法執？」迦旃延：「我的老師——釋迦牟尼佛。」婆羅門修道者聽了迦旃延的話，即很歡喜的皈依了佛陀。

有一次迦旃延來到恆河邊，聽見佇立在河邊的一位婦女不斷地哭泣。迦旃延問她：「為了何事哭泣？」婦人回答：「我是個奴隸，不管我做的多麼努力都不能討主人的歡喜，每天都會受到怒罵與責打，我的日子過的貧窮又痛苦，人生對我來說沒有意義。」迦旃延溫和地對婦人道：「把妳的貧窮賣給我吧。」婦人說：「貧窮可以出賣嗎？你怎麼買我的貧窮？我又如何賣給你？」迦旃延：「貧窮的人之所以貧窮，是因為前生沒有布施修福，只要妳現在對我行布施，就可以修福，也就等於是把貧窮賣給我了。」婦人：「可是我一貧如洗拿什麼布施給你？」迦旃延將手上的缽遞給婦人然後說道：「妳盛一缽的恆河之水布施給我吧，這就是行了大布施啊！」婦女因為施予迦旃延一缽恆河水，往生後投生到忉利天中成為一名天女。

迦旃延一生主張平等，對於種姓階級與青年、老者一律平等待之。一日他與比丘們一同用餐時，一名老婆羅門柱著杖進到飯館，正在用餐的眾人紛紛起來讓座。只有迦旃延一人仍然坐著不動，老婆羅認識迦旃延，也知道他是婆羅門教徒改信佛教的修行人，不起坐的迦旃讓老婆羅門有機會大發議論：「為何你如此目中無人？不懂得敬老尊賢？」迦旃延和緩的說道：「從您說話的聲音與滿面的怒容來看，您有失一個長者的風範，而且您的貪念與瞋心尚重，仍在五欲裡流轉，雖然已屆九十高齡，但您沒有一個地方是值得尊敬的。」老婆門被迦旃延如此一說無法辯駁摸著鼻子走了。

佛陀對精進的弟子、學有所成的弟子都會加以讚揚，並製造機會讓弟子們提升威信。佛在阿提國弘法時，即令迦旃延代座說法，這是佛陀對迦旃延最直接的肯定與信任。

佛學小辭典

■《賢者五福德經》云說法五福德：

一、長壽，謂前世說法時，上中下語，一一皆善。若好殺者，以聞法故，而能止殺，是故今世得長壽福德。（上中下語者，即經之序分正宗分流通分。）

二、多財，謂前世說法時，上中下語，教人布施。若盜竊者，聞法不盜，便能行施，是故今世得多財福德。

三、端正無比，謂前世說法時，上中下語，隨順正法。令聞法者，和氣安心，顏色悅懌，自生光澤，是故今世得端正無比福德。

四、名譽遠聞，謂前世說法時，上中下語，以善及人。令聞法者，歸敬三寶，相從者眾，是故今世得名譽遠聞福德。

五、聰明大智　謂前世說法時，上中下語，樂說無吝。令聞法者，妙慧開解，是故今世得聰明大智福德。

■佈教者十德

佛陀對佈教的弟子都要
求要具備十種德行。
善知法義、能為宣說、
處眾無畏、辯才無礙、
方便善巧、隨法行法、
具足威儀、
勇猛精進、身心無倦、
成就威力。

不怕犧牲的佈教師

富樓那的父親是印度有名的大富豪，佛陀在鹿野苑初轉法輪時，富
樓那體悟到人生最重要的就是追求永恆的真理。從此他即追隨佛陀
修行，證悟之後更積極的弘揚佛所說的法。

富樓那對宣揚佛法熱忱的付出，四處為家，白天他就在城裡說法，
夜間則在山林、曠野坐禪。富樓那能夠成為佛陀弟子中最優秀的佈
教師，乃是因為他善於隨緣說法。頻婆娑羅王被兒子囚禁時，富樓
那即前往獄中探視王，並對頻婆娑羅王說法：「你在牢中雖然失去
了自由，但世人又何嘗自在過？金錢、權位、美色就像是囚禁世人
的牢房，讓人不得自由，坐不坐牢同樣失去自由，只有一心稱念佛
的聖號，讓心靈平和，才能得到真正的解脫。」富樓那讓頻婆娑羅
王平靜的接受牢獄生活，並安詳的接受兒子的折磨，為自己過去生

所種的因和平了業。

富樓那佈教的特點是——到最艱難的地方去做教化。在印度有一個地方名叫輸盧那國，當地人民幾乎沒有信仰，民風強悍。富樓那知道後即要求佛陀讓他到輸盧那國去弘法。佛陀聽了非常高興，但卻擔心富樓那的安全。佛陀對富樓那說：「如果輸盧那國的人民不聽你說法，反而怒罵你，你該如何？」富樓那說：「我應該感恩他們沒有打我。」佛說：「若他們以棍棒、石頭打你呢？」富樓那說：「我應該感恩他們沒有以刀劍刺傷我。」佛說：「若他們以刀劍刺傷你呢？」富樓那說：「那我應該感恩他們沒有殺死我。」佛說：「若他們把你殺了？」富樓那說：「那我應該感恩他們殺了我的色身，助我進入涅槃，讓我以有限的生命報答佛恩。」佛說：「富樓那，你真是我的好弟子，佈教、修道、忍辱你都具備了，你可以前往輸盧那國。」這就是富樓那佈教的勇氣與精神。

佛學小辭典

■弘傳經教，須具三軌。軌即軌範，亦軌則。蓋言弘經者，當以慈悲、忍辱、法空，三法為範則。故法華文句云：利物以慈悲為首，涉有以忍辱為基，說法以無我為本；能行三法，庶可自利而利他。

5 持戒第一與空性第一

優波離的一生都在協調教團的紛爭,為犯戒比丘懺悔、向佛陀請示戒律。佛滅度後第一次集結即由他背誦律藏。解空第一的須菩提隨順世間,無諍無惱,即便面對冷言譏諷,須菩提卻說:「譏毀辱罵是增上緣,可以消除業障,加強學道的自信心。諸法空相,無人無我、無高無下、無聖無凡。」

持戒第一的優波離

優波離出身首陀族,是釋迦族人的理髮師。隨佛出家後在生活上重

四威儀，對佛陀所立下的戒條都嚴加遵守，無有毀犯。由於他持戒嚴謹常惹得僧團中不持戒的人反感。

曾有不持戒者對優波離予以警告，說他的持戒造成不持戒的人生活上的不方便。佛陀知道後，便召集菲議之人，對他們教育：「你們不守戒律，還會遵重誰呢？戒是你們的老師，戒在則法常在。」

僧團不斷擴大後，依法證果的修行人很多，犯戒者也不少。不守戒的人常在僧團裡惹起爭端，佛陀即派優波離做為調解爭端的協調人。優波離由於能辯是非、言行端正，能讓爭端的兩方停止爭議。而且他處理事情的態度是，不讓爭端擴大，那裡有事那裡了。他從不偏袒任何一方，只看證據與自己著手所做的調查。

優波離除了擅長排紛解難，對於生病的比丘更是關心，他向佛陀說起自己曾見過許多生病的比丘沒有受到照顧。佛陀即指示：「生病的比丘應該住在通風良好、陽光充足的房舍中，並由弟子隨侍，灑掃、奉侍湯藥並聽傳喚。飲食湯藥由大眾供給，大眾若無，應取病比丘值錢的衣鉢換取。病比丘若無可換，大眾應乞化供給。若乞化不得，便在僧中取最好的給予。僧中若無好食，服侍者則應持鉢到城中乞食，供養病人。」優波離對生病的比丘爭取良好的看護與供養，是出於修行人的慈悲心。

優波離的一生都在調解教團的紛爭，為犯戒比丘懺悔，向佛陀請示戒律。佛滅度後第一次集結即由他背誦《律藏》每一條戒律他都詳細的說明，佛陀何時所說、對誰說、因何事、於何地、做何懲處巨細靡遺。

佛學小辭典

■空性，真如之異名。真如為離我法二執之實體，故修空觀而離我法二執之處，真如之實體躍然而顯，即依空而顯之實性，謂為空性。非謂真如之體是空也。唯識述記一本曰：梵言舜若，可說如空，名舜若多。如是空性，即是二空所顯實性。故言空者，從色顯說。二空之性，依士釋名。言真如空，未善理故。

空性第一的須菩提

須菩提，出生時家中便生異象，所有家具、物品一切皆空。所以父
母將其取名─須菩提。須菩提即空生、善生之意。佛陀到須菩提家
鄉佈教，令他的父母改信佛教，須菩提是受到父母投佛學法的影響
而出家修行。

須菩提聞佛說《金剛般若波羅蜜經》證悟空性，在佛的弟子中被稱
為解空第一。傳說有一回佛到忉利天中為母親說法，三個月後返回
人間，弟子們久未見佛，聽到佛陀回來，都爭先恐後的前往迎接。
此時須菩提正在靈鷲山中補衣，聽到佛回來的消息便欲起身前往迎
接，但隨即念轉，空性無所不在，佛的法身也是無處不在，於是安
然坐下繼續補衣。

在迎接佛的隊伍裡，比丘尼中神通第一的蓮花色見到佛，她向佛頂

禮時說道：「弟子蓮花色第一個迎接佛，請佛接受頂禮。」佛說：
「第一個迎接我的不是你，是須菩提。」

須菩提雖是證得空性的豁達比丘，但是他隨順世間與人無諍的性
格，還是經常地招來毀謗與譏諷，許多人為他抱不平，但須菩提卻
說：「譏毀辱罵是增上緣，可以消除業障，加強學道的自信心。諸
法空相，無人無我、無高無下、無聖無凡。」

第五篇

上求佛道下化眾生的菩薩

釋迦牟尼佛的接班人法藏
無量光無量壽的阿彌陀佛
聞聲救苦的觀世音
念佛入三昧的大勢至
直指人心的文殊師利
行願甚深的願王普賢
地獄不空誓不成佛的地藏

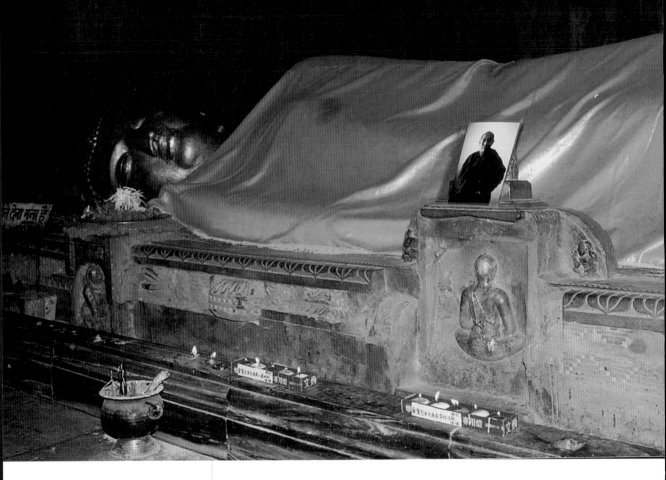

1 彌勒與法藏

當菩薩福德與大智慧成就、圓滿，可以稱之為大菩薩或佛。諸大菩薩，體現佛陀種種勝德，具足慈悲與智慧。彌勒菩薩因生於富裕人家，慣於錦衣玉食，好交遊、出手闊綽，喜歡華麗的穿著，出家後仍是習性未改；法藏菩薩曾於世自在王佛前許下四十八願，其中一願是在他成佛之後，佛土莊嚴沒有地獄、餓鬼、畜生，一切眾生都有機緣往生淨土，聽聞佛法。

大菩薩

菩薩發菩提心，誓願成佛，累劫累世中，努力修習六度萬行，漸次

地，證得福德與大智慧，成為接近佛果的大菩薩，體現了佛陀的種種勝德。佛教徒所供奉的諸大菩薩中最著名的有彌勒、法藏、觀世音、大勢至、文殊、普賢和地藏菩薩。

根據南、北傳佛教的說法，在釋迦牟尼佛之前有無數的過去佛，釋迦牟尼佛之後的未來佛是彌勒佛。北傳佛教認為，在宇宙中有恆河沙數的佛與菩薩。這些佛、菩薩存在於過去、現在、未來三世與十方世界之中。十方世界是指東、西、南、北、東南、西南、東北、西北、上、下十個方向。《妙法蓮華經》不只提到許多佛、菩薩的名號，也提到這些佛菩薩所居住的佛土和他們的修行過程。

這些莊嚴的、神聖的、令人讚嘆的諸佛菩薩中，觀世音菩薩代表─大悲；文殊菩薩象徵─大智；普賢菩薩象徵─大行；地藏菩薩象徵─大願。我們在菩薩的傳記中，可以瞭解諸佛菩薩是如何發菩提心、立下誓願，修習六度及證道的過程，菩薩的典範，讓我們對佛法生起無上道心。

●菩薩，初心之菩薩為小。深行之菩薩為大。

《無量壽經》曰：彼有七百九十億大菩薩眾，諸小菩薩。

彌勒菩薩

彌勒為姓，音譯為梅達麗（Maitveya）又譯慈氏；名阿逸多，譯為無能勝。修慈心三昧上求佛道是彌勒的特色。彌勒於多生中曾有一世為大婆羅門，名一切智光明，聞佛說《慈三昧大悲海雲經》便即信服從佛出家，並誓願成佛。勤修梵行的一切智光明，有一次他所修行的地方因洪水暴漲讓他無法外出乞食，經過七天，有一對母子兔見修行人無食可吃，便投身於火中以身體供養一切智光明。兔子捨身護法的舉動令一切智光明受到大感動，當時一切智光明便發下誓願：「願我世世不起殺想，恆不食肉，乃至成佛，制斷肉戒。」說完他亦投身火中與兔同死。這是慈氏之名的由來。

彌勒於公元六世紀時生於印度波羅奈國，與

●菩薩行，求自利利他圓滿佛果之菩薩眾大行也。即布施等六度是。

〈法華經五百弟子授記品〉曰：內秘菩薩行。外現是聲聞。

佛學小辭典

■施主，行布施之主人。自投資財而開法會或供養僧之人，又葬式之主等皆謂之施主。梵語檀越，陀那缽底《思益經一》曰：世尊何謂菩薩能為施主？佛言：菩薩能教化眾生。《寄歸傳一》曰：梵云陀那缽底，譯為施主。陀那是施，缽底是主。而云檀越者，本非正譯。略去那字，取上陀音轉名為檀。更加越字，意道行由檀捨，自可越渡貧窮。妙釋雖然，終乖正本。

●進退無礙，謂之自在。心離煩惱之繫縛，通達無礙，謂之自在。〈法華經序品〉曰：盡諸有結，心得自在。〈唯識演秘四末〉曰：施為無擁，名為自在。

釋迦牟尼佛同時。生來相好莊嚴，聰穎異常。但因相師曾預言彌勒將為轉輪聖王，因此釀禍，族人皆無倖免，逃生後的彌勒輾轉見佛聞法，並從佛出家。

彌勒菩薩因生於富裕人家，慣於錦衣玉食、好交遊、出手闊綽、喜歡華麗的穿著，出家後仍是習氣未改。有一次，一位國王供養佛陀一件金縷袈裟，佛將之賜予諸比丘，比丘們見這華麗非常的袈裟無人敢要，但彌勒卻欣然接受，並且天天穿著金縷袈裟乞食。彌勒此舉引起諸多菲議，但他仍安然自在，不受引響。

彌勒菩薩在《楞嚴經》上曾說過〈憶我往昔，有佛出世，名曰日月燈明，我從彼佛而得出家，心重此名，好遊族姓。〉

〈妙法蓮華經·敘品〉裡亦記載著文殊菩薩言〈八百弟子中有一人號曰求名。貪著利養。雖復讀誦眾經。而不通利。多所忘失故號求名。是人亦以種諸善根因緣故。得值無量百千萬億諸佛。供養恭敬。尊重讚嘆。彌勒當知，爾時妙光菩薩豈異人乎。我身是也。求名菩薩汝身是也。〉

因為彌勒菩薩深刻的習性，雖然學佛的歷史比釋迦牟尼佛要久遠的多，但其精進勇猛不若釋迦牟尼佛，所以釋迦牟尼佛成就佛道時，彌勒依然是菩薩。

彌勒出家後與文殊、普賢、觀音、大勢至等諸大菩薩同行學佛。釋迦牟尼佛更於諸弟子中囑咐彌勒為接班人，這是因為佛陀看到了眾人未見的另一面，彌勒菩薩精神體現，菩薩於艱難困苦中，力行菩薩道，利他重於自利，於利他中實現自利。成就菩薩道的彌勒菩薩，現在居住在兜率天。我們若在這一世，能夠修習禪定，獲得內心的清淨，將可以在禪定中，到兜率天聽未來佛說法，並能在彌勒菩薩降生、成佛的時候，隨佛降生到這個世界來。

彌勒菩薩在弘揚佛法方面扮演著非常重要的角色。有些修學佛法到達一定層次的修行人，當不能瞭解佛法中的某些道理時，即入定上升兜率天請彌

勒菩薩開示。據說無著大師就曾經去到兜率天聆聽彌勒菩薩說法。而彌勒菩薩傳給無著的經論是《瑜伽師地論》等。這些經論對大乘唯識學的發展頗為重要。但是，一般學者都不承認這些著作是彌勒菩薩於兜率天傳來的，他們認為無著的老師彌勒是歷史上一個與彌勒菩薩同姓的人物。

彌勒菩薩時常安慰眾生與弘揚佛法的人，他也和阿彌陀佛、觀世音菩薩一樣，樂意聆聽眾生的懺悔；並於眾生臨終時，引導眾生往生兜率天。

法藏菩薩

法藏菩薩就是——阿彌陀佛的前身。阿彌陀的意思就是無量光、無量壽。

根據《無量壽經》的說法，在過去世，有一個佛名喚世自在王佛，在世上弘揚佛法。當時有一個名叫法藏的國王，捨棄王位出家，追隨世自在王佛修學佛法。

法藏從世自在王佛處聽聞二百一十億佛土的殊勝與莊嚴之後，他以這些佛土的殊勝與莊嚴作為參考，擬定了自己佛國淨土的藍圖。然後依這個藍圖作為觀想的對象。經過許多劫的修行，終於成佛，號稱阿彌陀佛或是無量壽佛，所成就的佛土稱為極樂世界，即西方淨土。而阿彌陀佛現正在極樂世界說法。

法藏菩薩曾在世自在王佛前許下四十八願，其中一願是在他成佛之後，所設的佛土沒有地獄、餓鬼、畜生，一切眾生都可往生淨土，聽聞佛法。法藏菩薩最重要的一個誓願是——只要棄惡從善的人，一心稱念他的名號，死後便能往生到他的佛國淨土修行，並享有無限的生命和喜樂，直到證悟真理為止。

《阿彌陀經》云〈不可以少善根福德因緣得生彼國。〉可見一個人需要培植深厚的善根，增長種種福德，才能具備往生西方淨土的條件。

《阿彌陀經》對西方淨土的莊嚴與殊勝，有著非常詳細的描述。

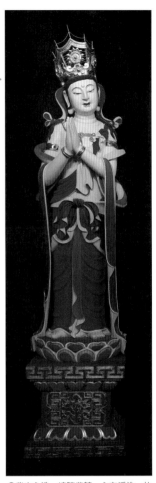

●業由心造，境隨業轉。心有淨染，故境有自在及不自在。染心為業所拘，則境不能自在。淨心無所罣礙，則境隨心自如。故四類有情，能變之識，各相違故。所變之境，亦乃相違。故天見寶嚴之地，而魚見乃為窟宅。人見是清涼水，鬼見是膿河猛火。皆由業因差殊，是即不自在義也。若在色自在地菩薩，境隨智轉，變化從心，一切妙境隨變皆成，是即自在義也。

2 觀世音與大勢至

聞聲救苦的觀世音菩薩，修行耳根圓通法門，證圓明三昧，
上同諸佛、下化眾生，隨緣施設，無不自在；
大勢至菩薩的形象是手持金色蓮花莖，頭頂寶冠，上有寶
瓶，大勢至菩薩是以唸佛入於三昧，是修習淨土者的典範。

聞聲救苦的觀世音

在阿彌陀佛的西方極樂世界裡，有兩位大菩薩，觀世音菩薩與大勢
至菩薩。在東亞的佛教藝術裡，觀世音菩薩通常是站在阿彌陀佛左
邊，而大勢至菩薩則站在右邊。在這兩位大菩薩中，觀世音菩薩較
為娑婆世界的眾生所熟知。觀世音菩薩深得東亞和中亞佛教徒的崇

敬，是因為他體現了大慈大悲的偉大精神。

觀世音，亦譯光世音、觀自在、觀世自在。從唐朝開始因忌諱太宗李世民之名，而簡稱觀音。觀世音菩薩是阿彌陀佛的左脅侍，西方三聖之一。立於佛兩脅的菩薩，稱為「脅侍」。觀世音菩薩的名號是寶藏佛為他取的。在《悲華經》裡寶藏如來尋為授記〈善男子，汝觀人天及三惡道一切眾生，生大悲心。欲斷眾生諸煩惱故，欲令眾生住安樂故。善男子，我當字汝為觀世音。〉觀世音是具有大悲心的意思。《大悲心陀羅尼經》中說，觀世音菩薩已於過去無量劫中作佛，號正法明如來。與娑婆世界眾生特別有緣，佛在世時，觀世音菩薩就是釋迦牟尼佛的常隨菩薩之一。

觀世音，意思是「觀察世間，尋聲救苦」在佛教藝術中，觀世音菩薩的形象，有的四臂、十八臂、千臂不等。在華人區域，觀世音菩薩常常以女性的形象出現。觀世音在印度原為一男菩薩，但是在華人地區卻被塑造為女菩薩的形象。女相觀世音始於南北朝，盛於唐朝以後。印順法師認為：「觀世音在人類中的應化，現女身的較多，這有兩個意義：其一女眾的苦難，從古代以來，一直多過男人。其二，女眾內心的特性，是慈忍柔和。由於女眾內在具有母親的特性，故以慈悲為特質的觀世音菩薩，即多應現女身。」

聞聲救苦的觀世音菩薩，修行耳根圓通法門，證圓通三昧，上同諸佛、下化眾生，隨緣施設，無不自在〈妙法蓮華經‧觀世音菩薩普門品〉〈佛告無盡意菩薩。善男子。若有無量百千萬億眾生。受諸苦惱。聞是觀世音菩薩。一心稱名。觀世音菩薩。即時觀其音聲皆得解脫。〉這就是聞聲救苦的觀世音菩薩。菩薩修行悲智雙運，只有立於大智基礎上的大悲才能無感不應。

唐朝懿宗時期，日本有一名僧人到五台山參訪文殊道場，看見觀音大士的聖像清淨莊嚴，心中非常想請回日本供奉，卻又怕該寺的寺主不肯。思前想後，僧人決定將觀音聖像偷偷請到日本，請了聖像之後僧人連夜顧船回國。船行至浙江定海舟山群島附近的海域，汪洋中浮現朵朵鐵蓮花，不偏不倚的擋在航道前，讓船不能行駛。如

佛學小辭典

■脅，為兩膀；侍為侍者，親炙於長老左右而聽其使喚者。阿難為釋尊侍者，是為僧家侍者之始。《觀無量壽經》曰：一一化佛有五百化菩薩無量諸天以為侍者。

是經過三天三夜，船始終無法離開普陀山附近，日本僧人見此異象，即跪在觀音聖像前懺悔：「觀世音菩薩啊，弟子因為聖像莊嚴，加上我國佛法尚未普及，所以想請回聖像供養。但若是我國眾生無緣供養，或弟子不應取而取，弟子即在此地建立精舍供養菩薩。」僧人懺悔己畢，船即駛入潮音洞停泊。

后梁時期，僧人即在潮音洞附近建一座道場，也不回日本去了，從此就在這裡安住。當地的居民知道這個典故之後將這座道場取名為「不肯去觀音院」。而日本僧人慧鍔就成為普陀山第一代開山祖師，普陀山也成為家喻戶曉的觀音道場。

念佛入三昧的大勢至

大勢至菩薩是阿彌陀佛的右脅侍。他與阿彌陀佛及觀世音菩薩合稱西方三聖《觀無量壽經》云〈以智慧光普照一切。令離三塗。得無上力。是故號此菩薩大勢至。〉大勢至菩薩與阿彌陀佛、觀世音菩薩的淵源極深。阿彌陀佛在久遠劫前曾為轉輪聖王，名字是無量淨，無量淨曾經發願：「在三個月之中以我所有的生活所需，供養諸佛菩薩以及諸比丘僧，並且以這份善根功德，回向阿耨多羅三藐三菩提，成佛後我的佛土沒有污穢、沒有惡道。」

無量淨轉輪聖王發下誓願後，寶藏如來即為他授記，後來成就佛道，號無量壽，無量壽佛的世界名曰極樂世界。無量淨轉輪聖王共有八個太子，第一太子是觀世音菩薩，第二太子是大勢至菩薩，第三太子是文殊師利菩薩⋯第八太子是普賢菩薩。

在阿彌陀佛成佛以前，大勢至菩薩即曾與觀世音菩薩共同為彌陀的侍者。依〈悲華經·卷三〉所載，阿彌陀佛入滅後，先由觀世音菩薩補其位，之後再由大勢至菩薩成佛，名為善住珍寶山王如來。

大勢至菩薩的形象是手持金色蓮花莖，頭頂寶冠，上有寶瓶，大勢至菩薩是以念佛入於三昧，將心住於無生無滅的境界，其精進處至為剛猛，是修習淨土者的典範。

●觀音淨土，謂之補陀落山在印度之南海岸。《千手經》曰：一時，釋迦牟尼佛，在補陀落山觀世音宮殿寶莊嚴道場中。〈華嚴經六十八〉曰：於此南方有山，名補怛洛迦。彼有菩薩，名觀自在。

3 文殊、普賢與地藏

文殊菩薩手持經卷，只要一心稱念他的名號，菩薩即會示現指導眾生修習佛法，激發人類的智慧。

普賢菩薩的坐騎是六牙白象。象能荷負人，也能運載貨物，力量極大。六牙白象是象王，安定穩重。普賢騎象，象徵佛與菩薩在生死苦難中普度眾生，任何苦難都能忍受。

地藏菩薩的誓願——地獄不空，誓不成佛。他耐心地在地獄中救拔受苦的眾生，就像大地支撐萬物一樣，所以被稱為地藏，意即大地的寶藏。

文殊菩薩　智慧王

在東亞的佛教藝術中，文殊師利與普賢，是釋迦牟尼佛身邊的兩位大菩薩。釋迦牟尼佛與文殊師利菩薩、普賢菩薩合稱——華嚴三聖。

文殊師利的意思是妙吉祥、妙德，是智慧的象徵。他一手執劍，一手持經卷。劍是斬斷痛苦的根、破除邪見的網；經卷是智慧的象徵，文殊菩薩所持為《般若經》只要一心稱念他的名號，菩薩會示現指導眾生修習佛法，開發人類的智慧，並傳給人們書寫和學習各種語文的技巧。相傳他示現說法的道場是在山西五台山中。

每個菩薩都會發願，每個菩薩的願力都有所不同，文殊菩薩的願力是：若有任何一佛，非由他接引、護持而成佛，就不成佛。文殊菩薩是智慧的象徵，要成佛不能沒有智慧，佛因智慧而生，而代表智慧的文殊菩薩，就成為諸佛之母了。

文殊菩薩修行的法門，是直指人心的。佛陀面對眾生是因機教化，循循善誘，文殊菩薩則是以直接的棒喝來教育眾生。菩薩慈悲為懷，常常會以和善的言語引導眾生，眾生明明有病，菩薩會勸慰眾生只要吃醫生開的藥，病就會好。但是文殊菩薩是直接的告訴你，你已經病入高肓了，還不趕快自救。但是這種快人快語直接的方式，比較難為眾人所接受。但是文殊菩薩卻認為只有說甚深法，才能真正斷眾生病根。在《妙法蓮華經》中文殊菩薩就曾直指彌勒菩薩好逸惡勞，好享受，不夠精進用功。

佛教禪宗，時常會引用文殊菩薩所說的法，或以他的行為與諸佛菩薩的應對做為參禪的題材。有一個很有名的公案是，有一天佛陀見文殊菩薩站在門外，佛陀問：「為何不進門來？」文殊答：「我不見一法在門外，何以教我入門？」

文殊菩薩的坐騎是青毛獅子。印順法師說：「獅子是百獸之王，是最勇悍的，不怕一切毅然

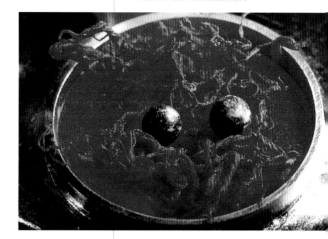

●舍利子，譯為靈骨或堅固子，是由修戒定慧之功德結晶而成的。

前進的。諸佛菩薩，不畏艱苦，不畏魔障，精進勇猛的自救救他，正像獅子一樣。」

行願甚深的普賢菩薩

普賢的意思是眾德遍一切處，普賢亦譯為偏吉，是四大菩薩之一。是釋迦牟尼佛的右脅侍。普賢菩薩體現了努力修行菩薩道的特性，他曾發願護持弘揚佛法的人。只要虔心弘揚佛法，若有遺漏，普賢菩薩會隨時從旁提醒。

普賢菩薩於靈鷲山上聽佛說《妙法蓮華經》即於會中白佛言〈世尊。於後五百歲濁惡世中。其有受持是經典者。我當守護。除其衰患。令得安穩…其人若於法華經有所忘失一句一偈。我當教之。與共讀誦。還令通利。爾時受持讀誦法華經者。得見我身。甚大歡喜。轉復精進…〉佛陀對於普賢菩薩發願護持佛法的精神，甚表讚嘆。

普賢菩薩的坐騎是六牙白象。象能荷負人，也能運載貨物力量極大。六牙白象是象王，安定穩重。普賢騎象，象徵佛與菩薩在生死苦難中普度眾生，任何苦難都能忍受。《華嚴經》裡善財童子參訪五十三位善知識而悟道，第五十三位善知識就是普賢菩薩，可見聽經聞法之後，必須起而行，親身實證才能獲得體悟。普賢菩薩所發的十大願，也是所有菩薩的心願，所以我們又稱為總願、願海或願王。

●《雜阿含經》云：佛在世如蓮花，生泥中而不著泥，在世不著世，破一切煩惱。究竟離生死之際，以名為佛。

相傳菩賢菩薩示現說法的道場是在四川的峨嵋山。在峨嵋山的最高峰——金頂，可以看到佛光與聖燈的奇跡，當地人稱之為「萬盞明燈朝普賢」。據說峨嵋山頂一到午夜時分，在山巒層疊中千百萬晶瑩閃耀的亮光，其璀燦宛若天上明亮的星星，值此時，供奉普賢菩薩的永明華藏禪院裡的和尚，就會一面接鐘、一面大聲唸誦：「南無大放光明菩薩。」因此呢，峨嵋山又稱為大光明山，而放光的傳說即是普賢菩薩的大顯化。

地藏菩薩

在大陸和日本，許多佛教徒都非常崇敬地藏菩薩。地藏菩薩以發願救度地獄道中受苦眾生而聞名，依據《占察經》記載，地藏菩薩發菩提心以來，經過無數世的修行，智慧具足功德圓滿早已可以成佛，但他卻本著慈悲心願度盡一切受苦眾生，所以決定與眾生在一起。地藏菩薩的誓願——地獄不空，誓不成佛。他耐心地在地獄中救拔受苦的眾生，就像大地支撐萬物一樣，所以被稱為地藏，意即大地的寶藏。

地藏菩薩為何名為地藏，在《三寶感應要略錄》中也曾有記載。佛陀在靈鷲山說法時，地藏菩薩正遊化諸國，來到富羅山下見一喬提長者，全族五百人被鬼奪攝精氣，眼見五百人氣息漸漸微弱就要氣絕。菩薩不忍喬提一族就此死去，一心想要救度。他想起佛陀在靈鷲山說法，便騰身前往。

來到靈鷲山，菩薩向佛頂禮，並憂心的告知佛在喬提家所見，請佛開示。此時佛陀頂上放光萬尋，告訴與會大眾說道：「今天我放光照地藏身，菩薩必定成就大法，教化無數眾生。」

地藏菩薩向佛稟告：「在久遠前，我仍是一名平凡人，也曾看到過像喬提長者家族的事，於是我發下誓願修習調伏惡鬼的方法救度眾生。後來我知道燒光王佛曾修行此法，燒光王佛滅度後，有一仙人住在俱特羅善行此道，便前往俱特羅山，告知仙人欲修此法令眾生安樂。仙人見我道心堅固，便教我學習燒光王佛的法，三天之內我修成降伏惡鬼的法，學成後我依照仙人所教，將所有惡鬼招來我的住所，調伏他們令他們生了道心。我見生了道心的惡鬼們，在地獄中乘著蓮花所有的痛苦都止息了，此時仙人見我已得到法的承傳，便對我授記：『你在無量無邊世，佛與授記，名曰地藏。』佛陀啊，我今有神咒能夠去除邪心也能驅使惡鬼，現在喬提家族他們正在受苦，我應該前去救度，讓他們能夠遠離災難。」佛陀說：「就如你所請，前去救度吧！」

■地藏
　地即土地，具有七種意義

1. 能生，土地能生一切生物、植物，比喻菩薩能生一切善法
2. 能攝，土地能攝一切生物，令其安住於自然界中，比喻菩薩能攝取一切善法於大覺心中。
3. 能載，土地能負載一切礦、植、動物，令其安住世界中，比喻菩薩能負載一切眾生由眾苦交煎的此岸，載運到清涼的彼岸。
4. 能藏，土地含藏一切礦、植物，比喻菩薩能含藏一切妙法。
5. 能持，土地能持一切萬物，令其生長，比喻菩薩能總持一切妙善，使其增長。
6. 能依，土地為一切萬物所依，比喻菩薩能為一切眾生所依。
7. 不動，土地堅實不移動，比喻菩薩的菩提妙心，堅如金剛，不可破壞。

地藏菩薩深知穢土眾生的惡習是根深蒂固，這是多造惡業的特點，所以地藏菩薩說法時著重在因果與報應上。《地藏菩薩本願功德經》裡就舉出了二十三種造業感果的例子，如是因，如是果，分分都無法迴避，所有一切自做只能自受。因果條條分明，意在使每一個人都要對自己的思想、行為負責。

地藏菩薩曾在忉利天宮中受佛陀囑咐，當釋迦牟尼佛滅度之後，彌勒佛尚未降生前，娑婆世界的眾生就委由地藏菩薩眷護。佛陀把這個重擔交給地藏菩薩，並殷殷囑託，要救護還在惡趣中受苦的眾生，讓他們都能夠改邪歸正，直到彌勒佛出時，一切眾生都能得到解脫。

地藏菩薩有兩個特點一是常居穢土；二是現出家相。地藏菩薩所發的願，越是惡業深重越需度化。地藏菩薩發願學習釋迦牟尼佛在穢土成佛的願力，他是學習釋迦佛精神的真正繼承者。所以佛陀才會將在無佛時期，教化穢土眾生的艱鉅任務交給地藏菩薩。

我們觀諸大菩薩的法像時不難看出，除了地藏菩薩，其他諸大菩薩皆是在家像。觀世音菩薩現白衣大士相或天人相；文殊菩薩現童子相；大勢至與普賢等諸菩薩也都是頭戴天冠，身披瓔珞現天人相，只有地藏菩薩現出家相。因為出家僧相是穢土世界的清淨幢相，大家看到出家相可以學習讓身心清淨，出家相更是指示一條可以離苦解脫的道路。

後記

《知性的引導》上集—佛陀的故事修訂

■ 第六頁圖說：右脅誕生太子─摩耶夫人攀娑羅樹，此時大地震動，放無量光明　雲出胎。

■ 流傳千年的法教與聖人之應化事蹟，因時日久遠眾家說法不同，資料之考據亦難，如本書上冊第二篇所述從佛陀出家至佛陀成道，即有諸多版本，一般說法，悉達多太子二十九歲離宮修行，至夜賭明星三十五歲悟道。但現行廣為流通之各家版本亦記載著，佛陀出家時為十九歲而於三十歲成道，佛陀出家訪師嘗試各種修行法門即五年之久，苦行時間更長達六年，佛陀修行的過程是十一年。對於佛陀出家年歲眾家說法紛云，現代坊間流佈多已不再強調佛陀出家年紀而著重於佛陀出家因緣。

■ 上冊第九十一頁，依據丁福保《佛學大辭典》特將三界全文重書於后以釋疑：

凡夫生死往來之世界分為三：

一、欲界，有婬欲與食欲二欲之有情住所也。上自六欲天，中自人界之四大洲，下至無間地獄。謂之欲界。欲界有六重之天，稱曰六欲天。即六欲天之宮殿也：一者四王天，有持國，廣目，增長，多聞之四王，故名四王天。二者忉利天，譯言三十三天，帝釋天為中央，四方各有八天，故從天數而名三十三天。三者夜摩天，譯言時分，彼天中時時唱快哉，故名。四者兜率天，譯言喜足，於五欲之樂生喜足之心，故名。五者樂變化天，於五欲之境自樂變化，故名。六者他化自在天，於五欲之境使他自在變化，故名。此中四王天在須彌山之半腹，忉利天在須彌山之頂上，故謂之地居天，兜率天已上住在空中，故謂之空居天。見智度論九，俱舍論八。

二、色界，色為質礙之義，有形之物質也。此界在欲界之上，離婬食二欲之有情住所也。謂為身體，謂為宮殿，物質的物，總殊妙精好。故名色界。此色界由禪定之淺深麤妙分四級，稱為四禪天，新曰靜慮。此中或立十六天，或立十七天，或立十八天。四禪天─新云四靜慮天，修四種禪定所生之色界四天處也。分別之以受與觀覺（新曰尋伺）：

1、初禪天，初禪已上，不須分段食，故無鼻舌二識，唯就眼耳身意四識有喜受，而與意識相應，有樂受而與三識相應，且有覺觀之二者。此地薩婆多部立梵眾梵輔之二天，經部與上座部，加大梵天為三天（薩婆多以之於梵輔天中攝），故初禪天有三天。

2、二禪天，二禪已上，亦無眼耳身之三識，僅有意識之一，因而惟有喜捨二受，與意識相應，無眼等五識，故無樂受，又意識之怡悅麤大，故是喜受而非樂受。但無覺觀二者，此地有少光，無量光，極光淨（光音）之三天。

3、三禪天，是亦僅有意識。有樂捨二受與上相應。此地意識怡悅之相，至極淨妙，故立為樂受。此地亦有少淨，無量淨，遍淨之三天。

4、四禪天，此亦僅有意識，唯有捨受與之相應。此地薩，經二部立無雲，福生，廣果，無煩，無熱，善見，善現，色究竟之八天，上座部於此加無想天為九天（薩經二部攝之於廣果中）故薩婆多部有十六天，經部有十七天，上座部有十八天，大乘唯識與上座部之義同為十八天。

三、無色界，此界無一可謂為色法之物質，亦無身體，無宮殿，但存識心，而住居於深妙之禪定，故謂之為無色界。此無物質之世界，雖不能定其方處，而姑就果報之勝之義，謂在色界之上。但謂為色體實無者，有部宗之義也，依成實之義，則就無麤色而謂為無色，非謂全無色也。此界中分四地，自下而上言之，則第一為識無邊處，第二為空無邊處，第三為無所有處，第四為非想非非想處也。既為無質，故不能以居處分之，但依其禪定壽命等之勝劣而立差等。俱舍論八曰：「無色界中都無有處，以無色法無有方所。（中略）俱異熟生，差別有四：一空無邊處，二色無邊處，三無所有處，四非想非非想處。如是四種，名無色界。此四非由處有上下，但由生故，勝劣有殊。復如何知彼無方處，謂於是處得彼定者，命終即於此處生故。復從彼處沒，生欲色時，即於是處中有起故。」又曰：「於彼界中色非有，名為無色，所言色者，是變礙義，或示現義。彼體非色，立無色名。」

■ 上冊第一○五頁，九次第即九種禪定，依丁福保《佛學大辭典》──四禪，四無色，及滅受想定（亦云滅盡定）九種之禪定，不雜他心，次第自一定入於一定之法也：

一、 初禪次第定。

二、 二禪次第定。

三、 三禪次第定。

四、 四禪次第定（已上名色界四禪天之根本定）。

五、 空處次第定。

六、 識處次第定。

七、 無所有處次第定。

八、 非想非非想處次第定（已上名無色界四處之根本定）。

九、 滅受想次第定。止息一切心識之定，以是為禪定之至極。

■ 上冊第一七六頁，佛陀小辭典為梁皇寶懺緣起。

■ 上冊第一七九頁，右圖圖說：金佛，建於七百年前泰國素可泰時期，高達三公尺重五‧五公噸，為泰國三大國寶之一。右圖之金佛為泰國僧皇贈與靈鷲山，現供奉於靈鷲山無生道場大殿。

國家圖書館出版品預行編目資料

生命的覺醒：釋心道總監修. ——
初版.——臺北縣永和市：靈鷲山般若基金出版
靈鷲山教育理事會發行：2005〔民94〕
面；18×25公分——（知性的引導；下）
ISBN 957-98894-6-5（全套：精裝）
1.佛教—通俗作品
220　　04012708

知性的引導 (下集) 生命的覺醒

總監修　　　釋心道
審訂　　　　靈鷲山教育理事會

文字編輯　　林畀蕙
封面設計　　葉斯淳
美術設計　　N design & consultants 徐肇陽

發行者　　　靈鷲山教育理事會
出版者　　　財團法人靈鷲山般若文教基金會
法律顧問　　永然聯合法律事務所

地址　　　　234 台北縣永和市保生路2號17樓
電話(代表號)　(02)2232-1008
傳真　　　　(02)2232-1010

印刷　　　　豐華印刷整合有限公司
電話　　　　(028228-6798
郵政劃撥帳戶　財團法人靈鷲山般若文教基金會附設出版社
郵政劃撥帳號　18871894
初版一刷　　2005年8月
訂價　　　　300 元

特別感謝照片提供
靈鷲山佛教基金會行政中心資料室 /世界宗教博物館發展基金會典藏組 /
李信男/ 陳丁林 / 徐勝雄/ 倪紀雄/徐肇陽 /張書維 /李昱宏

Memo

Memo